UNA MATERNIDAD EN *TRANSICIÓN*

CAROLINA MARZÁ CLEMENT
@mama_de_cloe

UNA MATERNIDAD EN *TRANSICIÓN*

El viaje de una madre hacia el autoconocimiento

Grijalbo

Papel certificado por el Forest Stewardship Council®

Primera edición: febrero de 2025

© 2025, Carolina Marzá Clement
© 2025, Penguin Random House Grupo Editorial, S. A. U.
Travessera de Gràcia, 47-49. 08021 Barcelona

Penguin Random House Grupo Editorial apoya la protección de la propiedad intelectual. La propiedad intelectual estimula la creatividad, defiende la diversidad en el ámbito de las ideas y el conocimiento, promueve la libre expresión y favorece una cultura viva. Gracias por comprar una edición autorizada de este libro y por respetar las leyes de propiedad intelectual al no reproducir ni distribuir ninguna parte de esta obra por ningún medio sin permiso. Al hacerlo está respaldando a los autores y permitiendo que PRHGE continúe publicando libros para todos los lectores. De conformidad con lo dispuesto en el artículo 67.3 del Real Decreto Ley 24/2021, de 2 de noviembre, PRHGE se reserva expresamente los derechos de reproducción y de uso de esta obra y de todos sus elementos mediante medios de lectura mecánica y otros medios adecuados a tal fin. Diríjase a CEDRO (Centro Español de Derechos Reprográficos, http://www.cedro.org) si necesita reproducir algún fragmento de esta obra.

Printed in Spain – Impreso en España

ISBN: 978-84-253-6794-6
Depósito legal: B-21.233-2024

Impreso en Gráficas 94, S. L.
Sant Quirze del Vallès (Barcelona)

GR 6 7 9 4 A

*A mi hija Cloe,
que, a pesar de vivir cada día por y para ella,
no ha impedido que sea mejor
persona, mejor mujer y mejor madre
Gracias, Cloe*

ÍNDICE

Nota de la autora
11

Mi pasado
15

Carolina
25

¿Por qué?
33

Muerte
41

Cómo tener cáncer y no aprender una mierda
47

Madre
59

¿Mujer y madre? o ¿mujer o madre?
71

¿Por qué lo llaman «maternidad» si en realidad es una...?
83

Hablemos de colegios y parques
93

Leo
103

Cloe
113

Familia
125

Mi transición
137

Instagram
151

Adiós
163

Futuro
173

Agradecimientos
185

NOTA DE LA AUTORA

¡HOLA! Lo primero que quiero es saludarte. Me llamo Carolina. Soy yo la que escribe, la que te va a hablar desde el corazón durante estas páginas. Como ya sabes, soy la mamá de Cloe. Si estás leyendo este libro es porque en algún momento me has visto batallar y luchar junto a mi hija. Exacto, soy la mamá de Cloe, una más de las muchas «mamás de...» que, como yo, han perdido su identidad al ser madres. ¿Cuántas mujeres de las que me leerán han pasado a ser la madre de... y han perdido su identidad? ¿Cuántas? Pues eso mismo me ha ocurrido a mí y... ¡cuidado! Estoy segurísima de que eso es de lo que más orgullosas nos sentimos todas y también de que consideramos haber sido madres el gran logro de nuestras vidas. Haber sido capaces de tirar adelante, criar a nuestros hijos, educarlos y que salga bien no es poca cosa; antes al contrario, es un gran trabajo. Es como cuando teníamos un Tamagotchi de pequeñas: no sabíamos si seríamos capaces de mantenerlo vivo, que lo haríamos tan bien. A eso hay que añadir que a los hijos, además, hay que criarlos y educarlos con valores. ¡Toma ya!

Seguramente estás esperando que escriba sobre cómo vivir y cómo atravesar una transición de una hija trans. Pues lo siento: yo soy la mamá y por eso mismo creo que si en algún momento Cloe quiere contar su transición, será ella quien lo haga. Lamento decirte que yo te voy a contar la mía. Te voy a explicar cómo viví mi transición como mujer, como madre y, sobre todo, como persona.

Si lo que vas a leer no es lo que te imaginabas de mí, te advierto una cosa: nunca hago lo que se espera de mí. Me he trabajado mucho en terapia, he librado muchas batallas durante muchos años de mi vida y ahora solo voy a hablar de mí. Espero que te identifiques con lo que leas, que te ayude y te permita sacar conclusiones. También que veas que a veces no todo lo que miramos es todo lo que hay porque, normalmente, hay mucho más. Yo soy mucho más de lo que las redes y los medios imaginan que ha de ser una madre de una persona trans. Sí, así me califican, ese ha sido y es mi papel, pero hay más, muchísimo más, muchas cosas que he tenido que aprender hasta llegar a los cuarenta y ocho años que tengo en la actualidad.

Este es mi diario, escribo sobre mí, mi vida, mi maternidad y mis mierdas —hay muchas o demasiadas, según se mire—. Voy a intentar contarte mi experiencia de vida, por qué soy como soy, por qué afronto una maternidad así, por qué soy distinta. Por qué, por qué y por qué. Estoy harta de mí: de cagarla y salir a flote, de que todo salga mal y salir a flote, de que me peguen la patada y salir a flote… Estoy segura de que sientes lo mismo que yo, así que espero que estas páginas nos sirvan a las dos de ayuda.

La vida no me lo ha puesto fácil, ¡qué va! Recuerdo tantas cosas terribles de mi infancia… Nunca desde que tengo uso de razón he vivido en paz. Así es, mi infancia transcurrió con un padre enfermo, en una familia disfuncional (porque no funcionaba como las demás), con una madre que intentaba sobrevivir entre hospitales, enfermedad, soledad… Y sé que estas circunstancias me han hecho como soy, pero ¿quién soy?, ¿cómo soy?

Cada día me levanto pensando quién soy, qué hago aquí y por qué la vida no para de ponerme retos desde el día que nací. Sin duda, con todo lo que me ha pasado se puede escribir un libro. Me lo han dicho tantas veces que, mira, me he decidido por fin; en el instituto, incluso, hubo quien insinuó que no me podía pasar todo a mí. Estoy segura de que te estás sintiendo ahora mismo identificada y también piensas lo mismo de ti. Y cuántas veces nos han dicho que no es para tanto… ¡pues vamos a validar nuestras emociones juntas! ¿Qué te parece?

Siempre me han llamado quejica, recuerdo que antes de que me diagnosticaran el cáncer, un familiar me dijo que siempre estaba enferma… Obvio, tenía cáncer, pero yo no lo sabía. Pero esto te lo contaré más adelante, ya sanaremos juntas las culpas que nos meten en la cabeza los demás y los errores que cometemos.

Mujer, enferma, con problemas, pues quejica o loca. Aunque la verdad es que no les quito razón en una cosa: eran demasiadas anécdotas e historias para una sola persona. Y de ahí que aprendiera a callarme y a parecer muy feliz y sana. Y así me va. ¿Te va bien o mal? ¿Te va mejor o peor? ¿Qué has aprendido callándote? Ahora ya te puedo contestar que no se debe callar, porque la persona que tienes enfrente tiene que saber qué te pasa para poder tener contigo una relación sana.

Después de todo lo que he pasado, escribo porque necesito encontrarme y saber por qué la vida es tan mierda y tan dura. Y si de paso me desahogo, miel sobre hojuelas; y si, además, le sirve a alguna de inspiración o simplemente para que vea que no está tan mal ni tan sola, pues mira, eso que nos llevamos tú y yo.

Una de mis preguntas recurrentes es por qué sigo aquí. «¿Qué necesidad hay de seguir, Carolina?», me repito cada día. La mayoría de la gente que conozco si hubiera estado en mi lugar ya habría tirado la toalla, y confieso que yo intenté quitarme de en medio, pero de salud mental y depresión hablaremos más adelante. Ahora, a mis cuarenta y ocho años, quiero pensar que ya he superado el cupo de cosas malas que me tenían que ocurrir. No lo sé, me río por no llorar.

Todos me conocen como la madre de, porque, otra vez, la vida me puso el reto de la maternidad trans, una maternidad llena de emociones y de incertidumbre, de sombras y de mucha culpa. Me puso en la palestra, me ha hecho pública y quizá lo que te voy a contar te sirva: si algo he aprendido estos años es que no hay nada en esta vida que me llene más que ayudar y dar. Y parece ser que acompañar también se me da bien.

Así que nada, acompáñame en este mi viaje. Comenzamos mi terapia y este libro. Espero no aburrirte. Y si crees que en esta vida te ha ido mal, espera a leerme .

Un beso,

MI PASADO

Antes de nada, te voy a poner en contexto y explicarte quién soy y por qué soy así. Creo que si entendiéramos y conociéramos a las personas antes de juzgarlas, las relaciones fluirían mejor porque estarían basadas en el respeto y el apoyo. Así que te invito a que me conozcas antes de juzgar y valorarme.

Me llamo Carolina, nací el 30 de marzo de 1976, así que me estoy acercando a los cincuenta. Venga, vamos con la parte más íntima de mí y del libro, voy a desnudarme un poquito y hablar de mí, la parte más difícil, la que más me cuesta, porque hablar de uno mismo sin caer en el egocentrismo o en el victimismo es muy difícil.

Supongo que mi yo actual es la explicación de todo, todo lo que soy es lo que me ha sucedido y lo que he vivido.

Nací en la ciudad de Castellón. Bueno… ciudad ciudad… eso es lo que dicen, pero para mí es un pueblo demasiado grande donde todo pasa muy despacio, donde parece que todos nos conocemos y, la verdad, no me gusta demasiado, no me gusta que la gente me vea y me reconozca en un yo pasado que nada tiene que ver con mi yo actual. Eso sí, es una ciudad cómoda, con mar y muy luminosa.

Crecí en una familia formada por mi padre, mi madre y mi hermana mayor, aparentemente normal y heteronormativa, como dirían algunos hoy. Pero era de todo menos normal. Apenas recuerdo días de mi infancia en los que estuviéramos todos juntos en casa jugando, hablando o simplemente frente al televisor; lo normal era que viviéramos en distintas ciudades. Fue una infancia rara, no la recuerdo, supongo que porque el cuerpo es sabio y solo almacena cosas felices. Para mí la vida familiar se resume en los últimos cinco años de la vida de mi padre, porque realmente esos años son en los que estuvo más presente. Diferencio mucho entre la vida familiar cuando vivía mi padre y la posterior, porque cuando tu vida la marca un suceso como la muerte de tu progenitor, existen dos vidas: la anterior y la posterior. Tu familia cambia, hay un antes y un después. De la noche a la mañana te haces mayor, tu única responsabilidad es vivir y aprender a salir adelante. Conoces el dolor y conoces a otra madre, la madre triste y angustiada, que solo llora; de repente, tienes que cocinar, tienes que preocuparte por ti porque tu madre no está. Sigue en la misma casa, pero ha desaparecido, su cabeza no puede pensar y te toca a ti tomar las riendas.

Mi padre, Guillermo, estaba muy enfermo y eso ha marcado toda mi historia y la de mi familia, incluso la de Cloe. La de mi madre y mi hermana también, pero la mía, creo que por la edad, un poco más. Marca mucho perder a un padre a los doce años. La verdad es que no lo he contado demasiado, pero duele raro, un raro de no saber qué va a pasar después de esos días en los que vives en una nube de eventos fúnebres, en que todo el mundo te mima para luego olvidarse de ti muy rápido.

Mi padre era un hombre alto, guapo, de pelo negro, algo canoso, siempre con una barba que, curiosamente, se teñía de rojo. Para mí era raro que su pelo fuera negro y su barba roja. Durante toda su corta vida —murió con treinta y nueve—, llevó barba, o eso recuerdo. Y es que apenas lo conocí. Solo sé que le gustaba Gurruchaga, las camisas horteras de cuadros, cocinar y poco más, porque murió demasiado pronto. Mi padre y yo compartimos algunos momentos como ir a pescar o hacer chapuzas juntos, que creo que son los que más recuerdo. Supongo que mi hermana tendrá los suyos, pero nunca los hemos hablado.

Es una espinita que tenemos todos los que perdemos a un padre o una madre demasiado pronto. Vemos crecer y envejecer al otro y nos gustaría saber cómo habría evolucionado el fallecido, qué relación tendríamos ahora, cómo sería o incluso cómo era, porque no nos acordamos de si se enfadaban con facilidad, si se reían mucho… He hablado con otras personas que han perdido a un padre o una madre prematuramente y coincidimos mucho en eso, nos encantaría saber más.

Uno de los recuerdos más claros que guardo de él es preparando la cena la noche antes de morir: alcachofas rebozadas. Sí, su última noche la pasamos cocinando alcachofas. Vivíamos en una casa pequeña pero cómoda, donde podíamos cocinar juntos, y la verdad es que nos encantaba.

Me gustaba muchísimo peinar a mi padre. Me pasaba las pocas noches que compartimos peinándole la barba y haciéndole coletas en su abundante pelo mientras él miraba películas de Terence Hill y Bud Spencer o leía novelas cortas de vaqueros. Debajo de su cama amontonaba muchas novelas gastadas, de hojas amarillas, que cambiaba en el mercado. También recuerdo dormir con él y acurrucarme calentita. Entonces le peinaba el pelo del pecho, sí, el del pecho. Un pecho dibujado y marcado con una cicatriz que lo partía en dos, desde la garganta hasta el ombligo.

Mi padre tenía dos cicatrices, una en el pecho y otra que le recorría toda la espalda. Lo operaron a corazón abierto dos veces, lejos de casa, en Madrid, el doctor Rufilanchas. Recordaré ese nombre toda mi vida, mi madre me lo dijo al llegar a casa y no se me olvidará jamás. Como tampoco se me olvida cómo eran sus operaciones y lo que le hacían. Me habían explicado cómo se desarrollaba una operación a corazón abierto y yo lo aprendía, sabía qué era una vena aorta o una válvula cardiaca. Me contaban cómo, aplicando una técnica innovadora, los cirujanos entraban por las costillas por la parte de la espalda hasta llegar al corazón. Me lo contaban y yo lo dibujaba y lo explicaba en el patio y, claro, me tildaban de mentirosa y de rara.

Tenía treinta y nueve años cuando murió, después de vivir con intensidad los últimos años —hasta hicimos un viaje a La Manga del Mar Menor—. Se ha perdido muchas cosas, murió demasiado pronto. ¿Has pensado alguna vez qué pensarían las personas que fallecieron en los noventa del mundo de ahora, de internet, de las tecnologías? A mí es algo que me atormenta, me encantaría saber cómo sería él ahora.

Todo esto ocurrió después de la última operación. Le dieron entre dos y cinco años de vida y estuvo cinco con nosotras. Y sí, sí, no me ocultaron nada. Estaba en el pueblo de mi abuela jugando en la calle cuando llamó por teléfono desde Madrid, justo antes de que entrara a quirófano. Me dijo que cuando volviera lo celebraríamos juntos. Y volvió y pasamos los últimos cinco años de su vida haciendo cosas. Primero eran solo paseos y las curas de las cicatrices —llevaba grapas y yo se las curaba con mucho mimo—. Luego íbamos a hacer chapuzas y cuando empezó a ir al camping pasábamos allí los fines de semana y los veranos.

Su último verano en el camping —en los veranos vivíamos en un camping donde él trabajaba— me llevó a pescar. También me llevó con él a hacer sus chapuzas de fontanería y a comprar rosquilletas (los de Castellón saben que eran de «la Mustia»).

Esta etapa me marcó tanto que me recuerdo muy diferente a mis iguales del colegio. Nunca he sido una persona *mainstream* ni convencional; de alguna manera, siempre he estado en la horquilla de persona especial.

No era una niña muy pizpireta, más bien una que fantaseaba o directamente mentía sobre su día a día para encajar más, una niña que soñaba con una vida normal, donde la muerte no planeara a diario. O con una vida mediocre donde las preocupaciones fueran otras, como las extraescolares o hacer los deberes…, una vida como la de sus compañeras.

Y, claro, muchos amigos, la verdad, no tuve. La etapa escolar no la recuerdo mucho, no era muy buena estudiante, sé que se me daban bien algunas materias y acabé aprobando la EGB, pero no muy holgadamente. Luego estudié Administrativo. Un amigo de mi padre tenía una academia y allí me apunté; no fui como la mayoría de mis compañeros al instituto, pero, cosas de la vida, después acabé cursando bachillerato artístico. Como todo en esta vida, yo lo he hecho al revés. Se me da bien hacer las cosas al revés, pero de eso también he aprendido; como dicen, «el orden de los factores no altera el producto», en este caso, el resultado.

En casa durante muchísimo tiempo vivimos separados. Como a mi padre lo visitaban en Madrid, él y mi madre pasaban allí largas temporadas. A nosotras nos cuidaba mi abuela paterna. La mayoría del tiempo, sobre todo cuando teníamos cole, bajaba del pueblo y se instalaba en casa. Se llamaba Dolores. Una mujer blandita, la recuerdo blandita, con pecas y blanquita, no sé si por la harina de las cocas que hacía o porque su piel era así. Era una mujer grande, de pelo rojo, teñido. La recuerdo con su delantal y preparando sus cocas de pimentón extremadamente finas, y que nos peleábamos por comer el último trozo. Aún hoy, más de treinta años después de su muerte, intento preparar esas cocas crujientes que me volvían loca.

Cuando llegaban las vacaciones, mi hermana se quedaba con mi familia materna, con mis tías y mis primos, y yo me instalaba en el pueblo de mi padre. Todo esto lo cuento desde mi recuerdo, ese recuerdo tan vago. Te prometo que he intentado hacer memoria, pero es muy escasa, sé que estaba en el pueblo, pero no sé cuánto.

Mi madre, una mujer rubia, muy atrevida y muy guapa, siempre ha destacado. Realmente la he empezado a conocer ahora, estos últimos años en los que, sobre todo con Cloe, me ha ayudado mucho y esto nos ha unido más. Antes quizá no hablábamos mucho y hacíamos pocas cosas juntas; ahora mismo, en cambio, si no voy con ella un día a la piscina ya me echa de menos. De mi madre y de cómo he aprendido a ser mejor madre gracias a ella hablaré en otro momento porque mi aprendizaje a su lado es digno de estudio.

Cuando éramos pequeñas mi madre se pasaba la vida cuidando de mi padre, fuera de casa o en Madrid. Supongo que su historia será otra, quizá más dura que la mía. Yo la recuerdo yendo y viniendo de Madrid, en un Madrid en el que vivía entre casas de amigos, hospitales y pensiones.

Conservo fotos de mis padres jóvenes y eran muy guapos, muy *cool*. Hippies de los sesenta, con chupas de flecos y grandes gafas de sol. Muy vividores, algo que he aprendido yo muy bien y que todos deberíamos imitar; sí, incluso deberíamos tatuarnos la consigna «Vivir la vida» en la piel. Vivir es lo más importante, pero vivir de verdad. Cuando digo vivir de verdad me refiero a dejar de lado todo lo que te haga daño, pero nada de medias tintas; si tu tía, tu hermana o un amigo te quitan energía, aléjate de ellos. Aprender a vivir es saber qué cosas de tu vida son importantes, valorarlas y disfrutarlas, sin miedo al mañana. Es cierto que igual en el futuro te arrepientes, pero es mejor arrepentirse de haber hecho algo que arrepentirse de no hacerlo, porque si no lo haces no sabrás nunca cómo es. Por eso siempre animo a Cloe a que experimente, aunque tenga miedo, que haga lo que siente porque seguro seguro que algo aprenderá. Siempre se aprende, y a vivir se tiene que aprender. Para conseguirlo es fundamental dejar a un lado lo que te tortura o atormenta. Vive, experimenta, luego ya veremos qué pasa, pero por el momento de lo vivido te llevas algo.

Mi hermana es mayor que yo, nació prematura, es sagitario y, si soy honesta, tengo que decir que desde la transición de mi hija no hablamos demasiado. Es opuesta a mí: mujer de su casa, madre de sus hijas y, sobre todo, esposa de su marido, una mujer de la que lo único que puedo destacar es que siempre la veo triste. Me encantaría poder comentar algún día esa tristeza con ella, me gustaría ayudarla a saber vivir, intentar que me escuchara. Me gustaría que se diera una oportunidad de ser feliz y de ser más, creo que es una mujer superfuerte y podría disfrutar de una vida más alegre.

Con todo lo que he dicho hasta ahora queda claro que mi familia, ya de serie, era un poco atípica: mi padre nació enfermo y murió pronto, por lo que siempre estuvimos marcados por una fecha de caducidad, por la fecha de su muerte. No recuerdo ni un día de mi infancia en la que no pensara en que mi padre era frágil y se iba a morir. Y eso hizo que mi día a día fuera raro. Cuando vives una vida como la mía, tus prioridades cambian. Saber de la muerte antes de tiempo hace que valores todo más y que esta te enseñe a vivir, a disfrutar de cualquier cosa, de lo pequeño, de lo cotidiano y ver cada día como una oportunidad; aunque, no nos engañemos: también hay tiempo para el llanto y la angustia porque conoces demasiado pronto el dolor.

Mis circunstancias me han hecho aprender mucho, entre otras cosas a no ser dependiente de nada material ni de nadie más que de mí, por lo que me cuesta socializar. Mi capacidad de independencia es tal que a veces la gente no me entiende, porque soy capaz de pasar de todo si mi cabeza lo necesita.

Después de muchos años de autoanálisis y de juzgarme, sé perfectamente cómo soy porque me conozco demasiado. Tengo carencias afectivas brutales por culpa de mi familia desestructurada. Soy independiente y solitaria, puedo y necesito vivir sin que nadie me pregunte ni me diga nada. A veces hasta pienso que podría vivir sola, porque la soledad me fascina, de verdad. Pero a la vez amo y estoy orgullosa de la familia que hemos construido, la de ahora. Ya ves, vivo en una dicotomía constante.

Sí, me cuestiono permanentemente, soy capaz de encontrar en conceptos aparentemente opuestos una complementariedad, es decir, me gusta la soledad, pero a la vez amo tener una familia, saber que existe. En el caso de mi madre, hay semanas que la veo a todas horas y luego puedo estar días sin hablar con ella, y lo mismo me pasa con las amistades: no me gusta que me agobien; con saber que están me basta, y ellos también saben que estoy siempre que me necesiten.

Hubo una etapa de mi vida en la que me colgaba y enamoraba de cualquier chico pensando que era mi padre, un error muy común que nos persigue a la mayoría de las mujeres de mi generación y más si te ha faltado el tuyo. No sabemos vivir sin amor o lo que pensábamos que es amor. Somos carne de pareja.

Y todo por la falta de una familia, de un padre presente, de una madre más preocupada por salir de su angustia y ser feliz que por sus hijas.

La muerte de mi padre me ha hecho ser lo que soy. Con solo ocho años aprendí, por narices, lo que era la independencia, porque no tenía a nadie con quien hablar, no recuerdo que me ayudaran con los deberes, ni que me escucharan... me cuidaba mi abuela, que salió de un pueblo para atendernos. Así que tuvimos que sobrevivir mi hermana y yo. Recuerdo que, días después de la muerte de mi padre, tuve que llevar al cole un trabajo sobre conectores de luz y, claro, mi madre cero ganas y conocimientos sobre el tema. Ese día fue el primero que eché de menos a mi padre.

Resumiendo: soy caótica, desesperante, desestructurada, loca, creativa, inestable, activista, curiosa, poco cariñosa, valiente y neurótica. Todo esto para decirte que la mayoría de las veces que, en redes, en la calle o donde sea, veas a una persona gritona, aparentemente nerviosa, que habla demasiado, pienses que igual está librando su batalla para que no la veas como realmente es, para protegerse... así que dale una oportunidad, porfa. Sigue leyendo.

CAROLINA

¿Quién eres? Soy una mujer de cuarenta y ocho años, morena, con gafas y bastante alta. Pero creo que el término que mejor me define es «superviviente», surfear las olas es lo que mejor se me da. Ser resolutiva, proactiva (palabra de moda), saber cómo salir de las cosas son otros de mis rasgos distintivos.

Cuando me miro al espejo no me gusta nada lo que veo. No, en la actualidad no, no me veo muy productiva, y si hay algo que necesito en mi día a día es irme a la cama, hacer balance y saber que he hecho algo de provecho —ya sea trabajar, hacer deporte…— o simplemente algo que me ha hecho sentirme bien —pasear, leer, escuchar música…—. Cualquier actividad que me haga sentir bien para mí es productiva, porque cuido mi salud mental. Si me lees, permítete y perdónate. Si un día lo único que has hecho es pasear durante quince minutos escuchando música muy alta, pero esos minutos te han hecho sentir bien, quédate con eso: ese día, querida, ha sido productivo y, por tanto, ha sido un buen día, ve a dormir tranquila. Este es mi mantra.

Carolina debe de ser esa que todos conocen, la que todos saben o creen saber cómo es. Soy simpática, graciosa a veces y otras muchas bastante desagradable. Recuerdo que cuando era pequeña, en el cole, podía moldear mi personalidad según el día y las vibras de la profe. Sí, un tanto perturbador y un horror para los profesores.

Pero nadie sabe o conoce cómo soy en realidad, lo que yo siento, porque me cuesta muy mucho ser de verdad. Me duele y me da miedo a la vez, porque si por mí fuera no hablaría con nadie, pero con nadie, nadie. Sin embargo, soy una boca chancla que todo lo cuenta y, encima, con todo detalle. Soy de esas personas que a su madre no le cuenta nada, pero en una cola del súper tengo incontinencia verbal. Que sí, igual comparto mis problemas con un desconocido.

Al parecer, si tienes incontinencia verbal con los demás quiere decir que no duele, que no te pasa nada… total, lo cuentas tan alegremente que no debe de ser tan importante. Y ver que no validan mis sentimientos es una sensación que he experimentado demasiadas veces, por eso ahí va otro consejo: tu dolor es tuyo, no esperes que los demás lo entiendan; si lo cuentas, hazlo de forma asertiva, para que así el que tienes frente a ti, el receptor del mensaje, entienda que es grave, porque, si no, no vas a recibir lo que esperabas. Pero ten claro que nadie se preocupará por ti como lo puedas hacer tú.

Como lo cuento todo con sorna y gracia, pues parece que lo que me ocurre no es importante. Siempre parezco feliz, pero mejor no juzgar. No sé si conoces la depresión sonriente; pues eso, debajo de una sonrisa a veces se esconde mucho dolor.

Tengo un mundo en el que ni yo misma me soporto, por eso paso muchas noches pensando en algo triste y no duermo. Así, sin más, me gusta atormentarme, he ido a terapia y sé que no es el camino correcto. Por eso, por las noches me digo: «Por ahí no, Carolina», pero no me hago caso ni a mí misma.

Si verbalizara todo lo que pienso, probablemente me considerarías un monstruo. Tengo pensamientos oscuros que no me gustan mucho, pero me los guardo, supongo que son producto de todo el sufrimiento que he vivido.

Pero ahora mismo mi presente es ser la madre de Cloe, una niña que nació después de que yo superara un cáncer y que ha decidido hacer historia con su historia … —valga la redundancia—, muchos piensan que gracias a mí, pero es gracias a ella.

Ahora mismo mi identidad se condensa en ella, ¿me gusta? Pues no, la verdad es que no. Pero hasta que ella tenga derecho a tener voz (entiéndase por «voz» cuando sea adulta y la ley la reconozca), mi vida se centra en quitarle las piedras del camino y en acompañarla, porque como ya habrás podido intuir, a mí me habría encantado que me acompañaran, que me enseñaran valores, que no los hubiera aprendido a base de caer, que me hubieran guiado en la senda de la vida. Quiero pensar que estoy educando a Cloe como a mí me habría gustado que lo hicieran conmigo, hablando, riendo, estando y escuchándola mucho.

Y sí, tal vez estoy proyectando en ella mis carencias emocionales, pero nunca le digo qué debe ser o qué debe hacer. Eso, sinceramente, me da igual, porque lo que quiero es que sea mejor persona que yo, que no sea una auténtica patata sentimental, que no herede mis faltas, que sepa expresarse, sentir, hablar, compartir, abrirse, querer y quererse, que se desenvuelva en la vida, que cultive la amistad y que tenga gente que la acompañe en su camino.

Que cuando sea viejita recuerde que sus padres le enseñaron a vivir y a amar la vida. Que cuente con cariño que su madre le hacía cosquillas, le hablaba y escuchaba mucho. Que nadie se ría de ella por ser como es. Que tenga infancia —la que yo no tuve—, que recuerde vivencias de esa etapa. Que salga con amigas, que tenga y haga cosas que yo no pude practicar: deportes, música, teatro... Que viaje, que viva, que tenga hogar, un hogar calentito con días de pelis, manta y sofá. Que coleccione momentos con sus padres que le hagan aprender lo que realmente importa, la vida y vivir.

Un pequeño *break*. Necesito decir algo. Mientras estoy escribiendo tengo ganas de llorar, no puedo parar. Cuando me pongo a escribir, pienso que soy una persona que vive eternamente en depresión o con una profunda tristeza. «¿Por eso me gustará la soledad?», me pregunto. Porque puedo soltar, llorar, gritar, cantar, no interactuar con nada ni nadie. Qué bonito es poder estar solo a veces. ¿No has fantaseado con la idea de estar sola en el universo? Si tuvieras comida y agua, ¿necesitarías algo más? A veces, vivir en sociedad me abruma, me agota —literal—, me siento cansada y agotada, me duele el cuerpo. Hasta aquí mi pena, sigamos.

Puedo ser yo la triste, quizá sí, pero siento orgullo de lo vivido y aprendido. Soy como soy por la tremenda soledad que sentí y que viví cuando murió mi padre, y mi madre estaba más preocupada por recuperar todo lo que no había podido vivir. Y no la culpo. Ahora que soy madre y tengo pareja entiendo todo su dolor y las carencias que sigue arrastrando, incluso ahora. Así que he aprendido a acompañarla en su locura de vida y, lo fundamental, he aprendido que una madre es lo más importante que te puede dar la vida. Da igual como sea, no tiene por qué haber parentesco de consanguinidad ni ser mujer. En efecto, algo que he aprendido es que el concepto de madre puede venir en muchos formatos.

Uno de ellos puede ser el mío, precisamente, porque yo he tenido una locura de madre. Mi madre es de ese tipo de personas que no tiene remedio, que no la puedes cambiar. Ha sido una madre que ha priorizado mucho su estabilidad, algo que en su momento me atormentaba, me angustiaba mucho porque no la tenía tan presente como me hubiera gustado, y que vivía a su manera. Pero hoy día esta locura suya me ha enseñado que a la hora de ser madre no hay un solo camino, no hay una sola forma de serlo.

Ser madre como lo ha sido mi madre también es válido y, lo que es más importante, ella es mi madre, siempre lo será y siempre me querrá.

Con ella he aprendido que no hay un patrón válido para ser una madre válida. Hubo un tiempo en el que mi madre priorizaba su felicidad porque su vida no había sido nada fácil.

Ya entonces la entendía, pero ahora la entiendo mucho más. Imaginaos que yo, ahora que ha pasado un poco la tormenta con Cloe, decidiera pasar de todo y preocuparme más por mí: nadie diría que no quiero a Cloe, nadie diría que ya no soy la madre de Cloe.

Pues mi madre igual. En su día, tras la muerte de mi padre, ella decidió ser feliz y no dejar de serlo, aunque tuviera que cuidar de dos adolescentes. Y esta decisión es tan lícita como valiente, y no reparó en si la iban a criticar en una época (1990) en la que no se valoraba como ahora la salud mental y en la que no había preocupación por si la mujer llevaba más carga de la que podía soportar.

Ella, como yo, también tuvo que aguantar el rechazo de su entorno. Yo lo he vivido, y cuando a mí me faltaba un referente materno e intentaron sustituirla, ella siguió adelante, por lo que ahora sé que somos mucho más parecidas de lo que creemos.

Gracias a su forma de proceder basada en la libertad de actos y en algunas formas de incongruencia con la vida o con la maternidad, yo he aprendido a relativizar y he sabido vivir la maternidad sufriendo menos el caos, y así, gracias a su modelo, he podido vivir con más calma y fortaleza el hecho de que mi maternidad sea tan diferente, tan compleja, y que pueda seguir diciéndome que no pasa nada.

Ella me ha enseñado, también, que no siempre las cosas y la vida siguen el rumbo establecido, y que no pasa nada si tú tampoco vives la vida y las cosas que te pasan como se supone que tendrían que ser. Porque lo que importa es que las vivas como las sientas y como te hagan sentir feliz.

Definitivamente, si hay una palabra que me define, esta es «madre». No me escondo, creo que es el papel que mejor se me da. No lo hago mal o eso parece: mi hija me quiere, está sana y es feliz. Y sobrevive a la vida, que no es fácil.

Me gustaría hacer un alegato a mi yo madre y, de paso, a ti, tu yo madre. Ser madre es un título que nos otorga la vida al que realmente no se le da la importancia que merece. Y no porque hayamos parido; parir no te hace madre, madre es mucho más. Este papel que nos toca es una responsabilidad con el universo, con el mundo, con nuestro entorno. Lo que nosotras criemos es posible que cambie el mundo, positivamente o no.

Entiéndeme, si tú crías a un hijo, hija o hije sin escrúpulos, sin sentimientos, sin amor, sin responsabilidad, sin conciencia, sin respeto y un largo etcétera de valores, si tú crías a un hijo así, este mundo probablemente se iría a la mierda. Así que, por favor, valora tu trabajo y tu esfuerzo en criar y criar bien a ese ser humano que la vida te ha puesto delante. Por eso creo que la familia es lo más importante que tenemos, nos marca y nos acompaña en todo lo que vamos a ser y hacer en el futuro.

Cada día que me levanto lo pienso: «¡Ostras, que soy madre! Carolina, no puedes fallar ni fallarte». Si eres madre o padre lo entenderás: levántate y sigue. No hay margen para dejarse caer. Y, ojo, que también tiene importancia el equipo que formas para criar, quien lo conforma, dado que formar parte de un buen equipo te permitirá ser madre día a día. El equipo puede ser de muy distintas maneras, pero lo importante es que sea eso, un equipo. Ser madre es dar ejemplo. Cada acto que haces o dices es observado. Hacer que esa personita que te persigue a todas partes salga adelante y sea alguien bueno no es tarea fácil. Así que sí, si hay algo que me define, es ser madre. Después de eso creció otra mujer. Por eso, si me conociste con veinticinco años, que sepas que no soy la misma. Las personas evolucionamos, a veces por un trabajo, por una pareja… en mi caso por la maternidad, hasta mi madre lo dice.

Por lo cual, si me estás leyendo y estás criando a un ser pequeño, has de saber que eres lo más importante para él. Valórate, levántate y sigue. Y, créeme, aunque no lo sepas, vale la pena. Piénsalo. Si eres importante para la supervivencia de alguien, eres dios o diosa. Enhorabuena.

¿POR QUÉ?

Habéis pensado alguna vez en por qué, por qué te ha pasado a ti, por qué tú eres así. Yo me pongo a filosofar y no paro. Muchas veces no me importa, pero otras, me preocupa y me incordia mucho. Sí, así soy, vivo así, indecisa.

La verdad es que lo que nos pasa, cada circunstancia de nuestra vida, nos hace ser lo que somos. Lo que te define como persona son tus vivencias; de ahí que sea necesario y crucial pasar tanto por lo bueno como por lo malo, y, como se suele decir, de lo malo solo se aprende.

Ya he dicho antes que creo que mi personalidad y mis carencias son consecuencia sobre todo del sufrimiento que viví en mi infancia, de esos años de abandono emocional —reitero que mi madre no es toda la causante de ese padecimiento—, pero en esa época viví una soledad que me marcó. Si a esto añadimos un poco de falta de autoestima, el resultado es la mujer que soy.

Cuando sientes culpa y solo culpa, piensas que cada paso que das no está bien porque no crees en ti. Puede parecer exagerado, pero hasta la fecha siempre he sentido que la decisión que tomaba no era la correcta. Y esta inseguridad me ha pasado factura a la hora de madurar en la etapa adulta y, sobre todo, en mi maternidad. Aunque es verdad que sentirse culpable y la maternidad van de la mano, eso no quita que he sido muy indecisa, no he sabido dar algunos pasos correctamente, por miedo o por culpa.

¿No tienes la sensación de que a veces vives la vida como si fueras pasando pantallas de un videojuego? ¿De que hacemos las cosas por inercia? Cuando tu vida es frágil, parece que todo cuesta más y, a veces, haces las cosas sin pensarlo demasiado, porque hay que hacerlas. Es el caso de esas parejas que se casan y se reproducen como esporas, sin pensarlo mucho. Nacen, crecen, se reproducen y mueren.

Ya sé que suena como de otro tiempo, pero conozco a gente así. Quizá es por la ciudad en la que vivo, donde no hay demasiadas oportunidades. Sin ninguna duda, el lugar, el espacio y el tiempo en los que te crías son determinantes. El entorno donde resides y donde creces te hace comportarte de cierta manera; en efecto, puedes ser más resolutiva, menos miedosa si vives en una gran ciudad porque hay más opciones, recibes más estímulos, te creas más expectativas.

Digo todo esto porque a veces siento eso, que en algunos momentos de mi vida he ido en piloto automático. Recuerdo, por ejemplo, que mi decisión de qué estudiar estuvo determinada por las salidas laborales que podía encontrar en mi ciudad; ni siquiera me preocupé por salir de mi casa, tal vez por la falta de recursos. No me planteé salir ni buscar lo que realmente me gustaba o se me daba bien.

Afortunadamente, las familias de hoy en día, o por lo menos las que yo sigo y conozco más, pensamos muchísimo más en nuestros hijos, en su futuro. No pensamos, sin embargo, en un futuro cómodo, en un futuro laboral estable, sino que vamos más allá, pensamos en su salud mental, en su felicidad. A Cloe le insisto mucho en que haga cosas, que pruebe, que sueñe, total, no sabes cómo será tu vida, si será larga o corta, si será difícil o sencilla… En definitiva, tienes que hacer y pensar en lo que a ti hace feliz, y esto es algo que he aprendido este año —no te creas que antes—, gracias a la terapia.

Si hubiera tenido más opciones seguramente hubiera escogido otro camino, porque es cierto que soy una persona creativa, pero también complicada, siempre inquieta. En el caso de la sexualidad, por ejemplo, hoy lo veo de un modo totalmente distinto. Si cuando tenía quince años hubiera sabido lo que sé ahora, creo que, con lo inquieta que soy, habría explorado más. Y ese mayor conocimiento me habría ayudado a afrontar la situación de Cloe mucho mejor y de otra manera, con muchísima más perspectiva de género y sexualidad, lo que me habría ido genial para afrontar todos los desafíos con los que tuve y tengo que lidiar.

Desde que soy madre y cuido de Cloe, todo es más meditado y casi todo cumple una finalidad, una finalidad concreta: ella. Nada es tan casual como antes. También podemos achacarlo a la edad y a la madurez. Es muy natural que teniéndola a ella piense más en las consecuencias de mis actos, pero, aun así, tanto Jorge, mi pareja, como yo intentamos inculcarle que se puede cambiar de opinión, que se puede improvisar y que todo puede cambiar porque nada es para siempre.

Por eso concluyo que la vida y lo que te pasa no dependen exclusivamente de ti, dado que tus circunstancias vitales pesan y son una mochila con la que siempre cargas. Cierto que hay un factor de esfuerzo y actitud que ayuda a que sucedan cosas. Esforzarse está muy bien, pero en las relaciones o con ciertas personas no hace falta que te esfuerces si no te aportan nada.

Pienso y filosofo mucho sobre qué habría pasado si en lugar de decidir irme a un sitio hubiera estado en otro… Todo sería diferente, pero ¿cómo sería? Si me pongo no paro, pero la vida trata de eso: de tomar decisiones, de elegir caminos. Así que toca asumir, mi vida es así porque yo he decidido estar aquí de alguna forma.

No sé cómo habría sido mi vida si mi padre siguiera vivo, pero en momentos duros siempre he pensado que habría sido mejor; ahora bien, ¿qué es mejor? La verdad es que no lo sé, porque ahora, mientras escribo estas líneas, pienso que mi vida no es perfecta, claro que no, pero sí es buena para mí. Cuando llegas a este nivel de paz y entendimiento de ti misma, todo es relativo, nada es bueno ni malo. Cuando consigues superar cualquier problema de autoestima, como es mi caso, gracias a mi hija —ella me ha ayudado a entender y relativizar cualquier chorrada—, aprendes a reconocer tus sentimientos, a aceptarlos. También aprendes a cuestionarte todo tipo de creencias limitantes, como los pensamientos negativos que no ayudan a progresar. Cuando dejas ese yo tuyo de lado, empieza una nueva etapa. Todo esto me ha ayudado a salir de la zona de confort en la que estaba y, por ejemplo, aceptar el reto de escribir este libro. Estoy increíblemente agradecida a quienes me lo propusieron.

En esta nueva etapa de mi vida juega muy muy a favor el papel que ha desempeñado Cloe. Si no hubiera llegado a mi vida, no sé qué estaría haciendo en este momento, pero estoy segura de que nada parecido a lo que soy y hago. No es que mi vida gire en torno a ella, pero sí valoro mucho las enseñanzas que me ha aportado, entre ellas, relativizar todos los problemas absurdos que tienen solución. Todo lo que tiene solución y es pasajero no es un problema. ¿Estamos de acuerdo? Piensa bien, si lo puedes solucionar, solo es un problema pasajero, que pasa, y lo que pasa, pues pasa y ya está. Calma estoica, como la llamo yo, y sin duda esa paz y la verdadera calma me la ha traído la maternidad con Cloe, no la maternidad con Leo. Ahora todo en su vida es demasiado complejo, por eso solo me preocupa lo que no tiene solución, lo demás lo resolveremos, de una forma u otra, pero lo resolveremos. Y semejante transición emocional, saber distinguir lo importante de lo superficial, la he aprendido gracias a Cloe.

Ella me ha demostrado también que nada es blanco ni negro sin más. Si he podido entender que el género no es binario y que las cosas no son como tú las ves, puedo con todo. Si ella me ha hecho entender que la vida puede ser mucho más que nacer, crecer y reproducirte, ¿qué más puedo pedir? En mi pantalla de vida adulta, sin las lecciones que me ha dado Cloe, mi vida sería muy aburrida y mi mente mucho más cerrada.

Bueno, de momento sigo en el juego de la vida, voy un poco justita de puntos, pero creo que llegaré al final. ¿Le buscas tú el porqué a la vida? Yo demasiado, todavía estoy intentando saber por qué seguimos adelante y con qué finalidad. Me pregunto cómo he sido capaz de llegar aquí o cómo es posible que haya podido hacer tantas cosas.

Afortunadamente cada día estoy más cerca de saber que lo que soy está bien, sin miedo al qué dirán ni a nadie. Es fundamental no tener miedo a saber quién eres, no tener miedo a analizarte, a cuestionarte, pero no para machacarte más, sino para saber cuáles son tus limites, cuáles son tus posibilidades, y conocerte y aceptarte mejor. De este modo no te exigirás más de lo que toca y, por tanto, vivirás mucho más feliz contigo misma.

También le doy vueltas a la misión que tenemos en la vida. Me han dicho muchas veces que venimos al mundo con un propósito. Yo no sé si creérmelo, aunque es cierto que tus acciones siempre tendrán algún impacto en alguien, sobre todo en tus seres más cercanos. Y de esto puedo hablar largo y tendido porque, a raíz de la transición que hemos vivido en casa, hemos cambiado muchas mentes de nuestro entorno, así que por poco que sea, lo que hago y lo que he hecho responde a una razón.

Y lo que hemos hecho. Así que, aunque sea solo por eso, ha valido la pena todo el camino recorrido.

MUERTE

Supongo que después de lo que llevas leído, si te digo que la muerte me ha enseñado a vivir y a valorar la vida no te resultará nada extraño. Y así es, yo sé que quiero vivir y vivir mucho porque he sentido la muerte. He vivido tanto la pérdida de alguien como la mía propia en muchas ocasiones. La muerte me miró a los ojos cuando me dijeron que tenía cáncer, por mucho que me hablaran de supervivencia.

Ya te he comentado que la muerte ha estado presente en mi vida desde que tengo uso de razón, y no sé si a estas alturas debería decir que afortunadamente, porque cuando experimentas que la vida se va y se desmorona en segundos es cuando aprendes a vivir. O, por lo menos, empiezas a aprender a valorar lo que tienes. A veces hace falta más de un golpe para que te des cuenta de lo que tienes o de lo que eres. La muerte existe para que sepas vivir.

Con solo doce años aprendí que un día estás y al otro ya no; bueno, en mi caso mucho antes si contamos el tiempo que mi padre estuvo enfermo en casa, un tiempo en el que todo era frágil, un tiempo durante el que aprendí a cuidarme sola y no porque no tuviera una familia. La familia está, pero está rota en ese momento. Y te toca madurar rápido, aprender a cuidarte un poco porque los demás intentan como pueden salir adelante y no están por ti.

En mi casa, cada una de nosotras iba a lo suyo, sobrevivía. Recuerdo que cada una tenía su vida y sus cosas. Vivíamos bajo el mismo techo, pero no compartíamos ni horarios ni afinidades. Así que me tocó buscarme la vida muy joven, y eso es algo que no quiero que sufra nunca Cloe. Siendo positiva, he salido con muy pocas taras emocionales para las que podría tener, si tenemos en cuenta que me gestionaba yo sola todos los conflictos emocionales. Ahora lo veo con mi hija y creo que lo he hecho bastante bien, pero, claro, he aprendido a tortazos, lo cual sinceramente no creo que sea la mejor forma de madurar. Poniéndole humor, estoy bastante bien para lo que podría estar.

En aquel momento la muerte nos separó a las tres. Cada una iba por un lado. Mi madre, en concreto, intentaba recuperar su juventud, su vida. Hoy la entiendo más que nunca, porque por muy madre que fuera, ella tenía que vivir. Es cierto que me sentí sola, pero, insisto, la entiendo, y una vez más eso me ha hecho como soy y ha forjado mi personalidad, así que agradecida.

Mi hermana, por su parte, buscaba un sustituto. Supongo que ella estaba igual de perdida que yo, y lo hizo como supo o pudo o, como ya he dicho en un capítulo anterior, escogió las opciones que tenía más cerca y que le eran más fáciles.

Yo me eché un novio enseguida —grave error—, pero no había nadie para advertirme y no tenía otra cosa que hacer. Pero fue una equivocación que tampoco cambiaría hoy día, porque me hizo crecer y, además, en esa época, la familia de mi pareja me cuidó y me dio muchas cosas, que era lo que yo necesitaba en ese momento, lo que a mí me valía.

Después de todo lo que te he contado, entenderás que me aterran los entierros, los cementerios y todo lo relacionado con la muerte. No soporto ni un segundo hablar de ella, y mucho menos imaginarme la vida sin nadie más. Me es muy doloroso. El velatorio de mi padre duró más de un día, sus compañeros lo velaron en una capilla ardiente con el ataúd abierto en la iglesia... Lo recuerdo como algo horrible.

En cambio, a Cloe todo le causa intriga, le gusta visitar cementerios y me obliga a ir a ver a mi padre. Incluso cuando estamos de viaje, si pasamos por cementerios con esculturas, nos hace visitarlos. Para mí, no obstante, es demasiado.

Es curioso cómo cada uno vive la muerte. Mi experiencia es desde el dolor; la de ella, desde la pérdida. Solo ha perdido a una persona y no siente angustia ni le supone ningún trauma. Pero en mi caso a su edad desapareció un pilar de mi vida para siempre.

Es cierto que, según las creencias de cada cultura, la muerte puede tener significados filosóficos y simbólicos. Estoy segura de que para muchos de los que lean este libro la muerte es una u otra cosa en función de sus creencias religiosas o su cultura. Para mí, en cambio, es solo el fin de la vida, el fin de las constantes vitales. Por eso, cuando me tocó vivirla en mis carnes, pensé que yo no me enteraría, que desaparecería sin más. El dolor es para el que se queda. Yo no iba a sufrir, el sufrimiento es para otros cuando mueres, y dependerá mucho de cómo lo afrontes. Pero la muerte temprana de un familiar te acompaña para siempre, es como la ansiedad, que nunca se marcha. El duelo está ahí, el recuerdo también, pero eso no significa que te pases todo el día llorando o todo el tiempo pensando. Tienes que aprender a vivir y punto.

Yo asocio mi dolor por la muerte a la ausencia, a la pérdida de un referente, de un compañero y, lo más importante, a la pérdida de, ya lo he dicho, un pilar. Porque durante toda mi vida me ha faltado siempre alguien, en el cole, en mi boda, en mi embarazo, cuando he estudiado... Ya os he hablado del primer día de su ausencia, cuando ya no estaba para ayudarme con un circuito eléctrico que tenía que llevar a clase; mi madre no sabía hacerlo y yo estaba convencida de que él sí.

Esa fue la primera vez que supe lo que es la muerte. Entendí cómo funcionaba la pérdida y la falta de un ser tan querido. Sentí realmente lo que es echar de menos a alguien y no porque esté lejos, sino porque ya no existe. Al mismo tiempo, entendí que, si quería sobrevivir, de poco me iba a servir estar todo el día triste y llorando, tenía que cambiar, ser resolutiva, aprender a cuidarme y a desenvolverme. En ese momento pensé que tenía que buscar a alguien que me ayudara. Eso, sin embargo, es un error: no hay que buscar a nadie, tienes que ser tú la que te valides e intentes hacer las cosas por ti misma.

Desde que se fue mi padre, me falta un trozo, mi cabeza es como un árbol genealógico imaginario y en ese árbol me falta una caja, está vacía, ya no existe. Cuando alguien de mi entorno sufre una pérdida, le explico cómo me siento yo, y me entiende. La muerte sin duda te deja cojo para siempre, pero aprendes a vivir con muletas.

Así que, probablemente, si la muerte no hubiera hecho acto de presencia en mi infancia, yo no estaría ni escribiendo este relato ni siendo Carolina, la madre de Cloe; así que, de alguna forma, gracias a la muerte estoy y soy lo que soy. Una vez más, algo malo, muy malo y triste que te acompaña toda tu vida se convierte en bueno si consigues mirarlo desde otro prisma. Y es que todo tiene siempre dos caras y, si buscas, indudablemente encontrarás la parte positiva. Dale una vuelta y verás…

CÓMO TENER CÁNCER Y NO APRENDER UNA MIERDA

Cáncer. Hablar de cáncer es hablar de prioridades. Yo tuve cáncer muy joven, a los treinta y tres años. Una edad esplendorosa, cuando más se vive y más trabajas. Los treinta son unos años en los que ya tienes algo de estabilidad, un empleo y, por tanto, dinero y ganas de pasarlo bien. Es la década del apogeo, de tener trabajo, tu propia casa, viajar… Disfrutar es tu máxima.

Yo estaba en lo mejor, la verdad, y la vida decidió que debía parar. Siempre he sentido que moriría pronto. A mi imagen de *grunge* catastrofista de esos años y los anteriores ya le pegaba esa intuición.

Es fácil que tenga que ver con la imagen de mi padre primero enfermo y a los treinta y nueve años muerto. Además, durante su vida y nuestra infancia recuerdo las analíticas que nos teníamos que hacer mi hermana y yo para ver si heredábamos su enfermedad. Y, claro, el «traumita» está ahí y la hipocondría igual también. Si a eso le sumamos mi diagnóstico de cáncer, el miedo que siempre he tenido a ir al médico se agravó. Me cuesta ir, y cuando lo hago es porque ya no me queda otra.

Mi yo de treinta y tres años era el de una trabajadora autónoma desde hacía relativamente poco, con trabajo estable, un cliente fijo que me daba muchas oportunidades y un montón de proyectos.

Salíamos una barbaridad, mucha actividad cultural… Sí, ciertamente, mi trabajo me llevaba a eventos, muchos de los cuales yo misma organizaba. Si alguien trabaja en publicidad y eventos sabrá que no hay horario ni esperas. Si alguien necesita un florero para hacerse una foto a las seis de la tarde o a las diez de la mañana, pues vas a donde sea y lo consigues, y si es preciso llevas el de tu casa. No es sano llevar ese ritmo y deberíamos replantearnos, como hacen muchos jóvenes en la actualidad, si vivimos trabajando o para trabajar, pero yo no había aprendido esa lección.

Pues bien, de repente, un día mientras te dan un masaje porque trabajas mucho y tienes una contractura en el cuello, te dicen que tienes un bulto que no se mueve, que deberías hacerte una ecografía. La ecografía llevó a una punción y la punción a un diagnóstico de cáncer y a una operación, a un tratamiento… A parar de golpe.

Y no te voy a dar detalles de cómo me perdí en esos días de incertidumbre entre copas de vino y charlas con amigos, porque ¿para qué? Ni quiero dar lástima y mucho menos soy ejemplo de nada, cada uno vive su vida como sabe o como cree que es mejor. Ya sabemos que en momentos de desasosiego haces muchas tonterías, pero sobre todo te angustias por todo y no paras de pensar, no duermes a pesar de recurrir al vino para conseguirlo… Opté por evadirme en ese mes y pico horrible de esperas.

Por eso me programé más trabajo, salir todos los días, comer mucho y mal porque total ya… y, bueno, luego me vino la etapa estoica de la que hablaré más adelante, una etapa que me ayudó mucho a sobrellevar mi enfermedad, pero que también aplico ante cualquier situación que no puedo controlar.

Después de la punción de la garganta me programé una reunión importante de la que pretendía salir con un nuevo cliente y proyecto. Me rio por no llorar, pero esto me hace especial gracia, porque la secretaria de la persona con la que me reunía —omito su nombre y la llamaré N, pero ella si me lee sabrá que es ella— alucinó con nuestra conversación:

N: Carolina, ¿te va bien a la una de la tarde?
Carolina: Sí, perfecto, acabo la punción a las doce y voy para allá.

N: ¿Cómo que punción?
C: Sí, sí, me han encontrado un bulto en el cuello y me lo tienen que analizar. No pasa nada, me han dicho que lo más seguro es que sea benigno.
N: Bueno... ya... ya.... Pero... después de una punción, igual no puedes hablar muy bien, ¿no?
C: Mmm, qué va... sí podré.

Horas más tarde, mi médico me pidió que anulara la reunión y las que vinieran porque ese proceso requería de toda mi atención y mi tiempo. Debía parar. Y ese día paré. Esto debería entenderlo una mujer de treinta y tres años. Pues yo no lo entendí.

Después de los años, con perspectiva, recuerdo una vez que, tras una revisión médica en un trabajo anterior, me llamaron para decirme que tenía los leucocitos muy bajos o algo así. El médico, alarmado, me recomendó que me hiciera más pruebas para ver cuál era el problema. Es cierto que me insistió mucho, pero, claro, Carolina no tenía tiempo para eso. Y, bueno, era joven.

También recuerdo que me frustraba porque el día que tenía libre lo pasaba en la cama (después de salir, obvio), muy cansada, incluso con fiebre, no muy alta, pero con fiebre. Y era frustrante, pero eso no podía incapacitarme, porque si algo me detiene, me mata. Me pica. A mí me gusta parar porque yo lo decido, no porque me obliguen. El resultado no pudo ser más catastrófico: llevaba años con la enfermedad a cuestas sin enterarme.

Es verdad que algún familiar me decía: «*Xiqueta, és que sempre tens algo*» («Niña, es que siempre tienes algo») y, claro, llegó un momento en que yo no quería quejarme más, no quería convertirme en la quejica del grupo ni de la familia ni de nada. Quería proyectar la imagen de mujer valiente y triunfadora. ¿Te suena lo que digo? Como la mayoría de las mujeres, me exigía mucho y me ponía metas muy ambiciosas. Con el tiempo he aprendido a plantearme objetivos más viables e ir avanzando. Y a no exigirme si no está en mis manos.

Pero, claro, todo eso lo he aprendido con los años. En ese tiempo (2009) no sabía nada de nada. Cierto. Al día siguiente de cuando me llamaron para recoger los resultados de la punción, tenía que entregar un proyecto. Yo estaba relativamente tranquila, porque días antes me habían dicho que los marcadores tumorales salían bien, así que fueron Jorge y su hermana a recogerlos. Imagínate la cara del médico. Yo no estaba, así que reproduzco lo que me explicó Jorge:

> Jorge: Hola, buenos días, vengo a por los resultados de Carolina.
> Médico: Hola, y ¿no ha venido ella?
> J: No. Tiene trabajo y no puede venir.
> M: Hombre, pues... es que... claro, esto deberíamos decírselo a ella, porque, claro, tiene que buscar un oncólogo, un cirujano y, claro, bueno, te lo digo a ti y tú se lo comunicas a ella. Pero dile que nos llame y que tiene que ir al oncólogo.
> J: Ah, bueno... pero ¿qué pasa?
> M: Bueno... mmm..., pues es que es un carcinoma y ya sabes.
> J: Ah, vale, vale...

Jorge apareció por la puerta de casa con la cara desencajada y los papeles en la mano. No dijo nada, pero yo ya sabía que no era bueno. En ese momento yo estaba al teléfono, colgué y miré los papeles. Y cuando leí «carcinoma», pensé: «Ah, bien, pero eso no es cáncer, puede que sea bueno, ¿no?».

Lo primero que pedí es organización, se me da muy bien organizar y pedir a la gente que me ayude a seguir. Así que unos a entregar y yo a dar la cara. Tenía que acabar el proyecto para conseguir el trabajo. Obviamente las personas que me daban el trabajo necesitaban la garantía de que cumpliría con los plazos acordados y, como es lógico, no se sabía cuánto tiempo iba a estar enferma o de baja. Ante esa tesitura, aparenté que no pasaba nada, que todo seguía igual, como también hacemos las embarazadas cuando somos autónomas.

Madre mía, no sé en qué pensaba. Bueno, sí, en que teníamos que comer y seguir. Jorge no tenía trabajo entonces, cosa que agradecí, la verdad, porque me acompañó siempre y estuvo cada segundo conmigo. Pero, claro, una autónoma si no factura no cobra. Y todos sabemos que las bajas de 2009 no eran las de ahora, no se podía vivir. Dependíamos de mi trabajo. Puede que te preguntes: ¿y la familia? Pues, bueno, nuestras familias no son adineradas, han ayudado lo que han podido, pero nunca ha sido mucho ni demasiado, lo justo. Se lo agradezco, por supuesto, pero la hipoteca y la luz nos la hemos pagado siempre nosotros.

Fue un bache muy gordo, del que, como siempre, puedes salir muy reforzado o muy hundido. En este caso creo que el balance es positivo, pero pagamos un precio muy alto.

Me operé un 9 de diciembre a las seis de la tarde y estuve nada más dos meses de baja, cuando lo normal es un año. Pero, claro, no me lo podía permitir porque no tenía ni tiempo ni dinero. Me operaron diez días después del diagnóstico, en diciembre como acabo de decir, en plena campaña de Navidad. ¡Imagínate lo que eso significa en el mundo del marketing! Casi me da algo, y hasta cuando el cirujano me contaba cómo sería la operación, yo seguía pensando en plazos de entrega, incluso pedí si me la podía retrasar, pero me dijo que no.

Después de la operación de carcinoma no puedes hablar. Me extirparon la tiroides y siete ganglios afectados, uno de ellos con metástasis, pero menos mal que la intervención fue rápida, si no, no lo cuento.

La verdad es que nunca entendí ni entenderé —y quizá por eso no me enteraba de nada— cómo es posible que te hagan analítica de marcadores tumorales en noviembre y salga perfecta, y diez días más tarde tengas ¡cáncer! Nunca lo sabré ni lo comprenderé. Pero así fue.

En definitiva, mi proceso de cáncer se desarrolló como casi todos: operación y tratamiento. Lo único que el tratamiento de este cáncer —que casi siempre tiene una supervivencia muy alta— es más simple, solo te aíslan en un «búnker» durante tres o cuatro días y te dan radiactividad con una pastilla (yodo radiactivo).

Muy sano todo. Me río de nuevo. Me cuesta menos contarlo desde el humor. Porque la verdad en que pasas unos días terribles totalmente sola. Ya, ya sé que la quimio es infinitamente peor, pero por lo menos cuando vomitas te sujeta alguien la cabeza. En mi caso, la enfermera que me vigilaba desde las cámaras me preguntaba: «Carolina, ¿has vomitado? Porque si vomitas, me tienes que avisar para pedir más dosis».

Y, claro, ante semejante perspectiva piensas que lo mejor será no comer nada en cuatro días para no vomitar. Y así pasé los cuatro días aislada, con el teléfono y un libro que tuve que «fotocopiar» para poder entrarlo conmigo porque, si no, tenía que dejarlo allí o tirarlo después. Todo lo que entra en el «búnker» se queda allí porque está contaminado. Me llevé *El bolígrafo de gel verde*, de Eloy Moreno, compañero de trabajo unos años antes, que autoeditó su primer libro y nos lo vendió a todos en mano. Aún lo conservo con especial cariño, pues me hizo compañía en momentos superduros.

Fueron cuatro días asomada a una ventana. A veces venía Jorge a verme y a saludarme desde la calle. Cuatro días sola, con unas cámaras que te vigilan como si de un Gran Hermano se tratara. La vida ahí se detiene de verdad. Es una sensación muy muy extraña. En ese momento me di cuenta de que yo no decidía sobre mí, sino los médicos. En cuanto salí del «búnker», ellos eran los que me ponían citas; yo las cumplía. Así pasaban las semanas, una cita menos, un paso más. Esas semanas se limitaban a contar cuántas pruebas o analíticas me tocaban y a ir a por el siguiente objetivo.

La sensación es tan inexplicable que no sabría decir ni explicártelo, te tienes que dejar llevar. Me pasó lo mismo en la UCI, cuando entiendes que dos personas te van a duchar acostada en una cama y enchufada a unas máquinas. Ahí ya sí te das cuenta: «Bueno, Carolina, tú no te puedes lavar, así que déjate hacer, no te queda otra». Y te aseguro que, para una aries como yo, cabezona, lo más complicado es dejarse llevar, no decidir en muchos días qué hacer ni decir.

En esos momentos es cuando deberíamos entender que debemos escucharnos y aprender que la vida no la decidimos del todo nosotros. Hay un factor que se nos escapa de las manos y que no controlamos, y es la vida misma, no es suerte ni destino, es la vida. Lo que va a suceder no es solo cosa tuya, es cierto que mucho tiene que ver con tus actos, circunstancias, hábitos…, pero sin duda no todo depende de nosotros.

Es verdad que la actitud y los actos nos definen a las personas y, por tanto, cómo afrontamos o actuamos ante circunstancias adversas hace que ese acontecimiento se desarrolle de una manera u otra. Pero ¿podemos ver algo positivo cuando las circunstancias son tan complejas? Yo creo que sí. Y me pongo yo como ejemplo: sufrir un cáncer a los treinta y tres años es algo intrínsecamente negativo, pero si lo veo con la perspectiva de ahora, madre y con Cloe, quizá debería pensar que menos mal que me llegó a esa edad, porque, si me pasara ahora, no tendría la misma energía ni las mismas fuerzas, ni por supuesto las mismas células para que todo fuera bien.

Así que ahora lo veo muy positivo, es más, lo valoro en positivo, porque, aunque este capítulo se titule «Cómo tener cáncer y no aprender una mierda», ya que en ese momento fue complicado y malo, lo hice de la mejor manera que supe, de la manera que a mí más me servía. Decidí no pensar demasiado y seguir adelante; después, cuando todo ha pasado, he podido reflexionar y pensar. Aprender y seguir.

Puede parecer que en el momento no aprendo nada, pero sí que, con los años, soy consciente de que todas las vivencias, ya sean buenas o malas, me han servido de aprendizaje, sobre todo en el caso de las malas, porque ya se dice que «de las cosas malas se aprende, de las buenas no». Nunca de una buena noticia he sacado un aprendizaje; en cambio, cuando viene un revés, siempre hago balance de lo ocurrido e intento sacar lo positivo.

Te doy un ejemplo para que reflexionemos: hace tiempo estábamos los tres de viaje, en Girona, en una casita preciosa, donde íbamos a relajarnos después de un mes difícil —bueno, como siempre—, porque nuestra economía es más bien justita, pero somos los tres muy muy disfrutones, demasiado; Cloe ha heredado eso de nosotros, qué le vamos a hacer.

Lo dicho, estábamos fuera de viaje y decidimos irnos a comer. Primero dijimos: «Son muchos días, mejor comemos en un sitio barato y así podemos salir todos los días». Total, que en cuanto salimos nos topamos con un sitio precioso, muy caro, con un menú increíble, y lo que más nos gusta a esta familia es comer y bien si puede ser, así que nos preguntamos: «¿Qué hacemos, gastar o comernos un bocadillo?». Y obviamente optamos por lo primero y disfrutamos de una buena comida. Os aseguro que comer es una de las cosas que más felices nos hace. En ese restaurante nos reímos, probamos comida muy rica y charlamos.

A la mañana siguiente, muy pronto, sonó el teléfono. Nos llamaron de casa, el abuelo se había caído y tuvimos que regresar. Se acabaron las vacaciones. Cuando volvíamos en el coche, todos en silencio y tristes, recuerdo que le dije a Cloe: «Menos mal que ayer hicimos todo lo que nos apetecía, salimos a comer y disfrutamos, porque ahora ya no podemos hacerlo. Así que, sí, tenemos que cancelar las vacaciones, pero nos quedamos con la parte buena y no la mala. Y es que ayer lo dimos todo y sumamos experiencias».

Recuerdo también un viaje con un novio con el que fui a Ibiza y no dejó de llover. Él no paraba de quejarse, que no íbamos a las calas, que no habíamos estado en la playa, que no estaba moreno, bueno, en fin. Yo le argumenté que la lluvia nos había obligado a ver otras cosas y a hacer turismo, porque de no ser por eso solo habríamos ido de playas y no habríamos visto nada. Él me contestó: «¡Jolín, qué positiva eres!». Tenía veinticinco años, pero no se me quedó grabado en ese momento que yo era una persona positiva, creía todo lo contrario. De hecho, he pasado años machacándome, pensando que soy un desastre y que todo me sale mal.

A veces las cosas no son siempre buenas o malas, de verdad que pienso que podemos darle la vuelta a todo lo que nos pasa en la vida. Cuando estamos metidos en el problema, siempre tendemos a hundirnos, a pensar en negativo y a llorar— yo soy muy llorona, para qué negarlo—, pero vale la pena en esos momentos detenerse y pensar, o quizá dejar de pensar y estudiar la situación pasados los días, cuando todo se ve con más calma.

Es cierto que la actitud desempeña un papel superimportante, hasta recuerdo a mi oncólogo asegurarme que un porcentaje de mi curación dependía de mí, de mi actitud, y no puedo estar más de acuerdo con él. A ver, si padeces un cáncer incurable, obviamente que seas feliz no te salvará, pero sí que, tanto para ti como para los que te rodean, los días serán más amenos, porque un proceso de enfermedad, sea cual sea, es complicado y en él se sufre mucho, tanto el enfermo como los que cuidan y acompañan.

Durante mis meses de incapacidad y de enfermedad leí mucho, sobre todo sobre estoicismo, lo que me sirvió una barbaridad.

Básicamente los estoicos dicen que no podemos controlar lo que pasa a nuestro alrededor, pero sí lo que pensamos sobre lo que nos ocurre o lo que hacemos: es decir, debemos aprender a autocontrolarnos, a dominar el ahora, y no perder el tiempo y las energías en filosofar sobre lo que puede pasar o lo que pasará. En definitiva, que no te vayas por las ramas, que intentes ser racional; si tienes cáncer, lo que tienes que hacer es pensar qué puedes hacer tú, qué está en tus manos. Aceptar el momento tal como se presenta y no dejarse dominar por el miedo o el dolor; es lo que llaman «mantener una "calma estoica"». Yo por aquel entonces al que me preguntaba le respondía muy claro que no tenía miedo, que si me moría no pasaba nada. A Jorge incluso le llegué a verbalizar que si moría era él el que sufriría porque yo ya no estaría.

En aquel momento yo aún no era madre, y seguro que ahora no podría hablar así. De hecho, tuve una recaída cuando Cloe tenía cuatro años y lo pasé mucho peor, la verdad, no me quedó otra que aprender que por mucho que a mí me diera igual morir, en esos momentos era distinto porque mi hija me necesitaba, tenía que pensar en otra persona que no era yo. En esa época la calma estoica me sirvió para secar las lágrimas, sonreír y jugar a Legos con mi Tamagotchi. No tenía tiempo para llorar.

En definitiva, son herramientas que uno se busca y adopta para ser más feliz en circunstancias difíciles y para saber cómo afrontarlas. Recomiendo a todo el mundo que en momentos de incapacidad por enfermedad busque algo, algo que leer o en qué creer, da igual el qué… permítete ser estrambótica, nadie te va a juzgar. Ríete de la situación, experimenta, mira películas, lo que sea, qué más da…

Desgraciadamente mi historia con el cáncer no es la que han vivido muchas personas, la enfermedad es como es y nadie sabe cómo evolucionará cada caso. Todavía falta mucho camino para vencerlo. Mi historia es una historia llena de muchos momentos complicados, pero vividos con mucha risa. Y así definiría mi experiencia del periodo en el que sufrí esa grave enfermedad; al fin y al cabo, soy una persona positiva, de humor macabro, capaz de reírse de sí misma hasta en momentos difíciles.

Tengo grabado a fuego en mi personalidad ese sentimiento: por mí que no sea, que no sufra nadie por mí. ¡Todo el mundo quieto *parao*, que estoy bien y no pido ayuda!

De esto último no me siento para nada orgullosa y es un rasgo de personalidad que denota otro traumita, el de no querer ser una carga para nadie. Otro traumita del que se podría hablar y también hacer terapia hasta entender que para la persona que te quiere y te cuida nunca serás una carga. Sin embargo, con demasiada facilidad tendemos a pensar lo contrario. Y no es así, no eres una carga, practica tu «calma estoica», tú no controlas tu cuerpo en ese momento, así que pide ayuda. Pedir ayuda o dejar que los demás hagan cosas por ti no es síntoma de debilidad. Y, por supuesto, no eres menos persona, simplemente necesitas ayuda. Piensa que es pasajero, momentáneo y que pasará.

El cáncer no me mató y me trajo el gran aprendizaje de mi vida, la maternidad. El cáncer dio paso a Cloe.

MADRE

Nadie es consciente de lo que es ser madre hasta que lo es. Yo no sé explicarlo, ser madre es una responsabilidad, para mí nunca ha sido algo que tenía que ser, veo constantemente a personas que lo son porque es lo que toca, es decir, naces, creces y te reproduces. Así, en ese orden, y si no es así, pues nada está bien. En mi caso, como digo, nunca lo he vivido de esta manera, siempre he asociado la maternidad con la responsabilidad y quizá por eso me costó planteármelo. La pregunta era: «¿Estás preparada para cuidar?», porque es así todo el tiempo: la maternidad es cuidar y educar.

Hubo un tiempo en que no me imaginé siendo madre, de hecho, no me apetecía nada. Si lo pienso bien, yo no quería ser madre ni me apetecía serlo. Como ya he dicho antes, soy bastante independiente y la posibilidad de ser responsable de alguien toda mi vida me asustaba bastante porque, no nos engañemos, ser madre es una responsabilidad muy gorda.

Pero un día llegó la vida en pareja. ¡Qué gran paso vivir en pareja! Algo que también parece venir de serie en el ser humano: hay que tener pareja y punto. Y luego queremos que nuestros hijos duerman solos a los pocos meses, pero nosotros nos buscamos una pareja para todo lo contrario: ¡dormir siempre con alguien al lado y bien acurrucados!

Creo firmemente que uno de los puntos clave de la baja autoestima como mujer, madre y persona en muchos casos está en el significado que se le da a la pareja. Si no tenemos pareja, nos sentimos pequeñas. Parece que nuestra estabilidad dependa de estar en pareja, y si es verdad que en ocasiones suma, en otros resta. Porque estar en equipo es bueno, pero si se está en el equipo correcto, y no siempre tu lugar es donde parece que encajas.

Si no llega a ser por la posibilidad de compartir responsabilidades, no habría sido madre. Quizá ocurrió porque encontré a la persona indicada o porque vi la posibilidad de que todo encajara, pero siendo sincera no tenía muchas ganas. Y es entonces, cuando te dicen que no puedes, cuando más lo deseas. Sí, así soy, me dicen que no y entonces lo quiero.

Y es que mi cuerpo no podía o no quería concebir. Y, claro, al no poder, yo pasé inmediatamente a verme como madre, a querer ser madre, a necesitarlo… me imaginaba siendo madre… hasta que se convirtió en un objetivo. Yo soy muy aries, así que, si quiero algo, lo hago.

¿Qué paso? En la vida, que no es en absoluto plana ni recta, siempre viene una curva y hay que cogerla despacio y con calma. Hasta aquel momento nunca pensé que mis desarreglos de la menstruación me pasaran factura, y la palabra «hormonas» llegó a nuestras vidas y, con ella, la «infertilidad», otra palabra —en este caso angustiosa— que se convierte en tu día a día, en tu único pensamiento, desde que te levantas hasta que te acuestas. Empiezas a conocer los test de ovulación, los días óptimos y los días fértiles, las horas, los minutos y hasta la postura. La medicación, la progesterona, la prolactina, los mareos, los lloros, la ansiedad… Solo el que lo ha pasado sabe lo que es y cómo se te juzga. Estoy segura de que tú que me lees sabrás de qué hablo si te digo: «No te obsesiones, si no, no te quedarás…». ¡Cuántas veces lo habrás escuchado!

Mis días se sucedían con total monotonía en aquel 2008. Trabajaba más horas que un reloj: era autónoma y los autónomos no sabemos de horarios, y menos todavía si trabajas en publicidad, así que los médicos achacaban todos mis desarreglos al estrés.

Como ya os he contado, apareció la palabra angustiosa «cáncer», pero, a pesar de todo lo que conlleva vivir un proceso como ese, me salvó de mucho. El caos, paradójicamente, vino a ordenar mi vida y a establecer prioridades.

Y así, después de muchos meses, casi dos años intentando ser mamá, llegó el día en que tuvimos que afrontar que quizá no era fértil y mi cuerpo no funcionaba bien. Todo indicaba que algo no marchaba. ¡Y vaya si no iba bien! Las cosas en esta vida no pasan porque sí, pasan cuando tienen que pasar y por algo.

Y aquí quiero parar y pensar en todas esas personas que un día se imaginaron siendo madres y a las que la vida no se lo ha puesto fácil. Quiero decirles que no pasa nada, no se está más completa siendo madre, y lo digo desde el privilegio de haberlo sido. ¿Qué habría pasado si no hubiera podido serlo? Pues nada, la verdad, tu vida sigue. Sin embargo, la gente, y sobre todo tu entorno, te dice que tienes que serlo, ya que, si no, parece que te falta algo. Admiro profundamente a las personas que no lo son por convicción propia, porque no debe de ser nada fácil estar siempre dando explicaciones sobre por qué no eres o no quieres ser mamá. No creo en absoluto que sea este un comportamiento egoísta; antes al contrario, es un acto de valentía social ser mujer sin hijos.

Si yo no hubiera sido madre, seguro que se me habrían presentado otras curvas en la vida, otros frentes que superar y otra vida llena de circunstancias, ni mejores ni peores, porque todos en la vida pasamos por distintas circunstancias, momentos y vivencias, y lo que nos identifica como personas es todo aquello que superamos.

El momento «infertilidad» es muy difícil y complicado, caes en un agujero negro y oscuro del que es difícil salir. No eres válida, no eres funcional, incluso eres menos mujer (y aquí viene mi segunda lección de vida: no se es mujer simplemente por gestar o por tener unos genitales), pero en ese momento no sabía nada de la vida, no sabía nada de mí y no sabía nada de lo que significa verdaderamente ser una mujer, libre, sana y funcional. ¡Y qué gran lección me ha dado la vida! Cuando digo que no soy la misma, es que no lo soy. Tengo pocas amigas que me conozcan realmente desde joven, pero estoy convencida

MADRE 63

de que cuando lean esto no me reconocerán, ¡qué poco sabía de la vida y cuánta energía he malgastado en gente y cosas que no lo merecían!

Espero que muchas de las mujeres que me lean y que no hayan podido ser madres se sientan bien, que nadie las haga sentir menos por culpa de la infertilidad. No sintáis que no sois nada. Un hijo no complementa, no llena, solo viene a enseñarnos a vivir de otra forma. Un hijo te enseña a vivir en otros tiempos y en otra realidad, pero no es una moneda de cambio, no es algo necesario. No es un bolso ni nada que debamos tener porque es lo que toca.

Y es que estamos en una sociedad que, hoy día, todavía nos dice que hemos nacido para ser madres, para ser fértiles y procrear y, si no, nada. En 2024 todavía hay cavernícolas que opinan así. ¡Qué poco se han deconstruido! Aún hay gente a la que le explota la cabeza cuando les cuentas que existen hombres trans que gestan, son padres, menstrúan y tienen útero.

Llevo todo el libro queriendo utilizar la palabra «adres» —«adres» es el término que se usa para referirse a padres o madres que son personas agénero o no binarias— para ser más inclusiva con todo tipo de cuerpos y realidades, porque en mi cabeza no paran de pasar Nalhu o Rubén —personas no binarias que para mí son un referente—, pero me siento incapaz porque yo, Carolina, soy una mujer criada en los años ochenta en este país, y por mucho que intente deconstruirme, a veces todavía me cuesta. Además, soy la madre de Cloe, soy una mujer con vagina que no podía gestar, pero lo hizo, y pienso en otras realidades sin vagina, que son madres y supermadres, y eso sí es fertilidad. Y no quiero con estas líneas excluir a Cloe de una maternidad que, por lo que sea, nos puede llegar de mil formas diferentes a cada una de nosotras.

Siento que debo deconstruir con mis palabras, pero mi realidad es que soy madre, mujer blanca y cis —cisgénero o cisexual, abreviado «cis», hace referencia a una persona que se siente identificada con su sexo biológico—, y vivo en un privilegio constante. E inevitablemente me dirijo a mí como madre, pero he crecido tanto estos últimos años que me siento mal si no incluyo a todo tipo de familias y personas gestantes que también viven lo que yo viví. Así que espero que mi experiencia también les sirva de espejo. Porque las familias han evolucionado y hay tantas formas de amor de familia como personas en el mundo. Ojalá todos entendiéramos que las familias se construyen con amor, sin más, da igual cuál sea el papel que desempeñes en esa familia.

Yo me imaginé como una madre normal, dentro de la «normatividad impuesta», una madre primero con un bebé, luego un niño y más adelante un adolescente. Me imaginaba sin complicaciones, sin más preguntas. Bueno, las normales. La verdad es que cuando te planteas quedarte embarazada no creo que jamás pienses que en algún momento ese bebé será una persona, un adolescente. Cuando miramos una barriga solo vemos eso, una barriga. Yo reconozco que ahora, cuando veo a Cloe pienso: «¡Madre mía, he sido capaz!». No sé si me entiendes, pero es que es una tarea mayúscula...

Te pongo en contexto. La verdad es que Jorge y yo en esa época éramos dos terremotos que salían y no entraban nunca, así que la vida nos cambió por completo y creo que si lo hubiera meditado bien no hubiera dado el paso.

Pero lo nuestro pasó así: el lunes 2 de agosto de 2010 —cuatro días antes de la falta de la regla—, mi ansia me llevó a hacerme la prueba porque me dio miedo haber recaído en mi enfermedad. Llevaba tiempo encontrándome mal, pero había pasado el último año batallando con un cáncer que me había dejado sin posibilidad de ser madre y de vivir, así que lo que menos pensaba era que estaba embarazada. De las tantas y tantas veces que había intentado quedarme en estado todavía guardaba en un cajón un test de embarazo... así que, como me encontraba mal, teníamos que descartar el embarazo y contemplar la posibilidad de una recaída de mi cáncer. Me lo hice y salieron dos líneas, una muy fuerte y la otra tenue, sin fuerza, con lo que nos quedamos todavía más confusos.

Obvio, no era ni siquiera un retraso porque me hice la prueba un día antes de mi día de posible regla —por aquel entonces, como ya te he comentado, me estaba recuperando de mi enfermedad y mis hormonas tampoco estaban con mucha fuerza—, y procedí a escondidas

MADRE 65

a hacérmela, pensando que de nuevo saldría negativa (llevaba veinte intentos o más, ni lo sé). La verdad, lo hice sin pensar, porque era tan raro todo… y más después de haber vivido de cerca la muerte en mis propias carnes; total, que la idea de que no podía salir bien me machacaba la cabeza.

Pero quizá era lo que tenía que pasar, así que, nada, salió positivo, pero, claro, una aries como yo tenía que comprobarlo muchas veces. El pobre Jorge tuvo que ir a por tres pruebas más, me las hice todas esa misma tarde y al día siguiente una analítica. Los resultados de esta decían que sí, que parecía ser que sí estaba embarazada, pero los niveles de la hormona gonadotropina coriónica humana (GCH), la que indica en sangre si estás en estado, eran tan flojos que había que esperar. Pero, contra todo lo previsible al final, sí: Cloe, mi hija, estaba en camino.

La verdad es que en ese momento yo pensaba que tendría una niña; sí, sí, me la imaginaba vestida de rosa y practicando ballet —¡un clásico!—. Pero ¡qué risa!, ¡qué lejos estaba de la realidad!

Cuando en la ecografía de las veinticinco semanas no se veía nada me agobié, pero como había padecido cáncer, me hicieron la amniocentesis y, contrariamente a lo que yo pensaba, salió XX: era un niño; luego en la eco me lo volvieron a confirmar. Para mí fue una decepción: hasta ese momento era Jimena, sí, sí, Jimena, porque resulta que yo desde los quince años me enamoré del nombre de Jimena, y a todo el que me preguntaba le decía que íbamos a tener una niña y que se llamaría Jimena. ¡Qué error y qué mal, qué equivocada estaba! Y es que lo que tú imaginas en tu cabeza nunca es lo que suele suceder.

Ser madre es un acto de valentía, ya lo he dicho antes, pero resulta que, además, todo lo que tú piensas no es. Ojalá hubiera entendido antes de qué va la vida, que por ser madre no tienes la propiedad de ningún ser ni ningún privilegio sobre él. Ser madre es aprender a vivir con otro ser que depende de ti, pero tú no, tú no dependes de ese ser, tu vida no debería centrarse solo en ser madre, que es lo que nos cuentan. Ellos dependen de ti, sí, todo el tiempo, para ser alimentados, vestidos… para garantizar su bienestar en todos los sentidos, pero, insisto, tu vida no es ni mejor ni peor por ser madre.

Si me encargaran escribir un manual de maternidad, la primera lección giraría en torno a que tu hijo no es tuyo, es suyo, y no te pertenece, aunque te parezca que, como depende de ti, puedes mandar sobre su vida. Pues no, nada más lejos de la realidad: ha llegado a tu vida para ponerla patas arriba y para decirte que lo que pensabas que controlabas no lo controlas. Tienes que proporcionarle todas las cosas necesarias para que viva bien, pero poco más, tiene vida propia, sentimientos propios y carácter propio.

Es muy difícil entender esto y criar en el respeto. A menudo veo a familias que hablan a sus hijos peor que a un amigo o a otro adulto solo por el hecho de pensar que lo pueden hacer por eso, porque es un menor y es su hijo. Nuestros hijos nos necesitan, somos su espejo. Lo que haces y dices cala en ellos. La pérdida de autonomía cuando eres madre te lleva a querer dominar, pero no es así, hay que escucharlos, hay que estar sin estar, sin influir, ayudándolos y acompañándolos en su camino, sea cual sea. Y la verdad es que no nos educan para hacerlo así, porque desde el momento en que salen de nuestro vientre nos nace un sentimiento de propiedad que no hay quien lo entienda.

Siempre he pensado que la sociedad solo está pensada para los adultos, pecamos de adultocentrismo y no nos damos cuenta de que el bienestar y la salud mental de los que vienen detrás determinará cómo será su futuro. Es así, pero nos empeñamos en moldearlos a nuestro antojo. Dejar ir a un hijo es el acto de amor más bonito del mundo: dale alas, pero también un nido donde pueda volver.

El día que me dijeron que estaba embarazada, solo imaginé tener un bebé precioso —una niña, ya te lo he confesado— lleno de energía y que le iba a dar la mejor vida que le pudiera ofrecer. Solo pensaba en el bebé, en que todo saliera bien, en nada más. Porque mi maternidad —me repito, pero creo que es importante insistir en ello— ha sido de todo menos natural o normal, si es que hay algo que podamos llamar «normal». Y no es natural por las circunstancias que me rodeaban cuando me quedé en estado.

Cloe nació y se desarrolló como un Tamagotchi: comía, crecía, dormía y seguía creciendo. Era un bebé guapo y rubio, de postal. Era tan bonito... era precioso. Y en cuanto a cómo fueron mis primeros tiempos como madre, pues lo normal... desquiciada. Siempre he sido muy dormilona, así que desde el minuto uno Jorge se hizo cargo de las noches, dado que yo no puedo, lo siento, no doy de mí. Si no duermo, me desquicio. He tenido la suerte de tener un compañero que se ha hecho cargo y que quizá tenía más ilusión que yo. En esto sí que supe delegar. Una cosa que deberíamos aprender es que no hay que castigarse. El verdadero bienestar emocional pasa por no autoexigirse demasiado y reconocer nuestros límites.

Si hablamos de emociones, creo que las he vivido todas: negación, angustia, soledad, tristeza, miedo, alegría, rabia, oscuridad... y de todas ellas lo único que saco es aprendizaje. Sí, si me tuviera que quedar con algo, me quedo con lo que he aprendido. He aprendido que la vida te pone delante más miedo a la vida todavía, y que eres capaz de seguir avanzando pese a que no eres fuerte sino frágil, muy frágil. Estamos aquí para aprender a vivir, estoy convencida. Y supongo que, en otra vida, pondremos en práctica esas enseñanzas, porque yo en esta solo he conocido los retos y el aprendizaje. Pensé que nunca podría ser madre y cuando me imaginé siendo madre, jamás se me pasó por la cabeza que sería la madre que soy: llena de resiliencia, llena de incertidumbre, llena de puertas por abrir, llena de inseguridades que superar.

La incertidumbre siempre me ha acompañado y si hay algo de lo que puedo estar orgullosa es que sé moverme en ella. Me muevo tan bien que parezco hasta feliz, a veces da la sensación de que hasta sé lo que hago. A menudo me preguntan cómo soy tan fuerte, y la verdad es que no creo en absoluto que lo sea; lo que sí sé es que es más difícil vivir la vida escondida o de otra forma que no sea afrontándola.

Vivo sin saber qué pasará mañana. A veces no planear el futuro o no ponerse expectativas muy altas sobre él hace que vivas mejor el día a día. Ahora lo llaman *«mindfulness»*, que consiste en vivir el presente y dejarte de tonterías, en dejar de soñar cómo será el mañana, porque, además, el futuro te lo trabajas tú con tus actos. Lo de guardar para el futuro no va conmigo y, afortunadamente, con mi familia tampoco. Es cierto que no somos unos kamikazes ni nada por el estilo, vivimos el día a día, guardamos lo justo por si las moscas, pero dedicamos mucho tiempo a estar en familia y a crear momentos que nos hagan felices para cuidarnos.

No sé si es bueno o malo. Solo sé que me salva mi cotidianidad, que me salva de no caer. He aprendido a vivir sin agobiarme ni preocuparme por qué va a pasar al día siguiente y a veces eso me hace parecer una persona de carácter muy frío, pero es todo lo contrario.

Mi maternidad, mi vida, mi experiencia no es ni mucho menos la mejor ni la correcta. Solo espero inspirarte con mis palabras y que te veas como yo, una gran e imperfecta madre, pero perfecta para tus hijos. Si no te lo dices tú, nadie te lo va a decir ni reconocer. Si tu Tamagotchi funciona, crece y se alimenta, ¡enhorabuena!, lo estás haciendo genial.

Tenemos que saber escucharlos. Eso es algo que me ha enseñado la transición de Cloe: a quedarme con lo bonito del viaje, a darme una palmadita en la espalda a mí misma cada vez que mi hija me dice: «Mamá, te quiero». Todas somos madres imperfectas y lo sobrellevamos. Y lo hacemos lo mejor que sabemos porque estoy segura de que no hay familia que no desee lo mejor para sus hijos.

En nuestro caso, en el caso de vivir una vida con una infancia trans, lo único que sabemos es que debemos aprender todo de nuevo, nada de lo aprendido sirve. Hay que vaciar para volver a llenar. Nuestra crianza no es más que una nueva forma de ver el mundo, un mundo lleno de pantones de colores y ventanas que abrir para que entre lo desconocido. En efecto, nuestra crianza no consiste más que en eso. Hay muchas familias que por las circunstancias que sea tienen que hacer frente a otras realidades también muy diferentes y no pasa nada.

Lo que sí le pido a todas las familias que me lean, en especial a las madres, es que nos miremos a los ojos y que no seamos nosotras las que nos juzguemos. A menudo veo a madres criticando a otras madres... ¡basta ya!, deberíamos ser un equipo. No nos echemos más tierra a los ojos, que ya tenemos bastante: las críticas no construyen, solo destruyen a una madre que tiene miedo, que duda. Tus críticas solo hacen mermar su autoestima y que no sepa por dónde tirar. Y ese ruido exterior no nos deja criar bien, con calma, con paz, con amor y respeto.

Yo me pensé otra madre muy distinta, mucho. Una madre tan «normal» y tan aburrida… Ahora, siendo sincera y realista, la crianza de Cloe ha sido un regalo. Me ha hecho mejor, me ha hecho saber más y ha hecho que nunca jamás vuelva a ser la mujer que era antes. Ahora soy mucho más paciente, más vulnerable sí, pero más valiente también.

No me creerás si te digo que jamás juzgo a nadie, pero, de verdad, es cierto, y te animo a ponerlo en práctica. A diario te cruzas con muchas personas y quizá en el instante en que tú miras a una de ellas, esta pone un mal gesto, tiene un mal momento, de modo que lo que tú ves es solo un minúsculo detalle de esa persona. Si todos hacemos el ejercicio de ver mejor a las otras personas y, sobre todo, a las que llevan colgando a un bebé, todo nos irá mucho mejor.

Así que sí, pensé otra maternidad para mí, pero me gusta más la que me ha tocado vivir. Sinceramente me siento más orgullosa de lo que estoy viviendo. Te animo también a que te sientas orgullosa de la madre que eres.

¿MUJER Y MADRE? O ¿MUJER O MADRE?

La gran pregunta es: ¿por qué la feminidad se asocia a las mujeres y, por ende, la maternidad también?

Constantemente me hago esa pregunta; hace mucho que no me siento ni me pienso más allá de la maternidad. Mi vida desde hace unos años se resume en ser la madre de…, y cada día que pasa tengo más ganas de dejarlo un poco atrás y volver a ser yo.

Claro está que nunca voy a dejar de ser la madre de Cloe, nunca, pero sí creo que, incluso ella, como hija, agradecerá que su madre se sienta más plena y más feliz. No es que no sea feliz, reconozco que siendo madre de… he sido y soy muy feliz, pero la sensación de ser también productiva, de preocuparme más por mí hace que me haga aún más dichosa.

También pienso, y me fascina, ver a personas que viven y deciden hacer solo una u otra cosa. Maternar, criar sin más… Son capaces de no claudicar a las críticas y ser superfelices con su proyecto. Igual que también me fascinan las que no se detienen, a pesar de todo, y se centran en su profesión.

Creo que mi problema y el de muchas madres es que no somos capaces de estar plenamente criando sin que aflore el sentimiento de culpa por no estar produciendo, porque, no sé tú, pero yo me siento más realizada con un trabajo remunerado. Como si estar en tu casa no fuera ya un trabajo, sea o no sea remunerado.

Lo que a mí me pasa, y supongo que a muchas también, es que no sé disfrutar de lo que tengo. En efecto, a las mujeres de mi generación no nos han enseñado a valorar el momento presente, y es algo que estoy trabajando con la edad. Por eso estoy intentando recuperarme, buscando algo como ese libro que me vuelva a hacer cosquillas y a hacerme sentir más válida; aun así, estoy segura de que muchos de los que me rodean ya me ven válida tal como soy, pero de poco sirve si yo no me veo así todavía.

Es obvio que ya no soy la mujer trabajadora, enérgica e incansable de años atrás. También es cierto que me voy haciendo mayor y la edad adulta tampoco es muy fácil y te agota. En nuestro día a día vamos escopetadas y con la mirada fija, y lo que más nos ocupa a la mayoría de las madres es la maternidad. Ciertamente, por mucho que hayamos avanzado, las cuidadoras principales de la familia seguimos siendo nosotras. Eso es algo que me gustaría que cambiara, pero me temo que todavía nos falta para llegar a ese punto. Y, siendo sincera, no creo que sea por culpa de la mujer, sino por las circunstancias, la vida laboral, las empresas que no evolucionan lo suficiente, el mercado... por todo un poco. No conciliamos por el bienestar del hijo; más bien acoplamos las jornadas escolares de los menores a las nuestras y esto es algo que no entiendo aún. Como, por ejemplo, ¿por qué siempre llaman a la madre cuando el hijo se pone enfermo en el colegio?, ¿por qué es la madre la que organiza todo —ropa, comidas, compras, fiestas de cumpleaños de los hijos, regalos...—?

Últimamente me cuesta mucho aparcar la M de madre y coger la M de mujer. La M de madre me ocupa infinitamente más tiempo y me preocupa mucho más. Las circunstancias difíciles de mi maternidad han hecho que deje de lado mi versión trabajadora, incansable, activa. Cuando Cloe inició su transición lo intenté, pero no ayudan ni el mundo en el que vivimos ni mi entorno laboral de ese momento. Si no disfrutas de un trabajo estable y eres autónoma, es difícil seguir siendo trabajadora cuando, además, te rodea un entorno hostil.

Mi profesión más reconocida hasta la fecha y en la que más años he trabajado es la de creativa. Monté una empresa de diseño gráfico en 2008 y trabajé muchísimo como diseñadora para varios clientes institucionales, que me hacían muchos encargos y también me daban alegrías, pero a costa de ponerle muchas horas y dedicación. Esos años me sentía muy realizada, aunque al mismo tiempo un poco frustrada por no atender mi vida personal en algunos momentos, pero la verdad es que me sentía muy feliz.

Cuando Cloe nació, se crio los primeros meses y años de su vida cerca de mi ordenador: era fácil verme con el portátil y un bebé en brazos, o la cunita a los pies de mi mesa de trabajo; muchas seguro que se reconocen en estas imágenes. Me siento afortunada por haber podido estar todo el tiempo con ella, pero es cierto que, en el fondo, si crías mientras trabajas, no hay límites y los espacios se desdibujan, con lo que al final sientes que no haces bien ni una cosa ni la otra.

Trabajas entre biberón y biberón de la madrugada, para poder dormir luego un poco más; sigues trabajando, porque no hay un horario establecido; todo gira en función del bebé y llega un momento en que no disfrutas ni de una cosa ni de la otra. Si lo volviera a hacer separaría bien, porque creo que me habría ido mucho mejor. Es más, tus clientes lo notan. Yo tuve la gran suerte de que Jorge no trabajaba en ese momento y decidimos que él se ocuparía más de Cloe.

Para poder seguir adelante con la empresa, decidí montar un despacho fuera de casa; durante un tiempo, poco, dio resultado, pero al final volví a casa y desde entonces siempre trabajo desde ahí. Yo soy de las que se sienten muy cómodas con el teletrabajo.

No sé si es por mi naturaleza autoexigente, pero a mí me habría gustado dejar un tiempo mi profesión para disfrutar de mi maternidad sin remordimientos, sin pensar en nada más. Pero no fui capaz, ya lo he dicho antes, eso es para valientes, los que no escuchan las críticas. Yo soy más como el perro del hortelano, que ni come ni deja comer; así, dejaba a Jorge con Cloe, pero seguía cerca igual.

De manera que, cuando Cloe creció y nos llegó la transición a casa, me costó mucho, pero por necesidad seguí trabajando. La verdad es que trabajaba mal porque mi cabeza no estaba al cien por cien en el trabajo, mi vida personal era demasiado dura como para centrarme. Y cuando tu salud mental se resquebraja, no consigues enfocarte y nada sale bien. Además, mi profesión requiere concentración y creatividad, pues te pagan por aportar ideas y por pensar, ejecutar y crear. Y la mayoría de las veces tienes que ejecutar lo más rápido y creativamente posible.

A esta situación se juntó la precariedad económica, porque tuvimos que asumir varios gastos inesperados. Si a esto le sumas un único sueldo en la familia y la transición de Cloe, parece que la vida nos pegó un sartenazo en la cabeza, nos dejó sin fuerzas para sortear todo lo demás.

Por si fuera poco, ese mismo verano me ingresaron para darme mi última sesión de recordatorio de yodo y comprobar que todo estuviera bien. Sinceramente, no sé cómo Jorge y yo pudimos sobrellevar tantas cosas a la vez, cómo conseguimos seguir en pie y, lo más increíble de todo, juntos. Esto es algo de lo que creo que debemos sentirnos orgullosos: formamos un buen equipo.

Evidentemente creo que al final todo nos ha pasado factura. La maternidad deja aparte tu lado más apasionado en la pareja y, si le sumas todo lo demás, poca inventiva sentimental te queda. No es que no te apetezca ser romántico o dejes de amar, es que no tienes tiempo. Y la cabeza no da para más. Nosotros, sin hablarlo y sin pensarlo mucho, hemos dejado a un lado la pareja durante un tiempo, sin que nos importe lo más mínimo, es decir, vivimos en una calma tensa, «calma estoica», que aprendí bien a mantener durante mi proceso de cáncer.

Creo firmemente en el amor que nos tenemos y que superar todo lo que hemos superado juntos nos ha hecho muy amigos y muy equipo. Y cuando dos se quieren, se quieren para siempre, y el amor romántico volverá, estoy segura, pero no tenemos tiempo ahora, y no nos preocupa; por lo menos a mí no, sé que sigue ahí, pero ahora no es el momento. Y no tengo prisa.

Muchas parejas se separarían, probablemente, pero no creo que yo me volviera a enamorar. No es algo que en este momento necesite. Puedes vivir algunos años de tu vida con estabilidad emocional, sin necesidad de tener tu parte sexual más activa. A veces es bueno saber que se está bien y no querer ni pedir más; no es conformismo, es saber priorizar en cada etapa de tu vida. Y no pasa nada, nos asustamos mucho cuando las relaciones sentimentales no son como las de las películas románticas, pero en ocasiones el amor no solo es romántico. Es lícito que necesites que tu vida sentimental siempre sea de película, pero el romanticismo está en todas las cosas, incluso en las más cotidianas, en pequeños gestos. No solo es romántico salir a cenar, ir de viaje o que te regalen flores. También puede ser precioso y romántico saber estar con la persona adecuada, en silencio, o cada uno disfrutando de sus cosas en el mismo espacio, incluso sin hablar mucho.

Ahora prefiero esperar, Cloe necesita estabilidad. Puede que sus padres hayan estado perdidos como pareja, puede ser, pero para ella han estado a la altura, como equipo, sin perderse en asuntos que, cuando una hija se quiere morir, dejan de ser importantes. Además, nos ha visto querernos mucho, con nuestras cosas, pero ha visto a una pareja unida, que no es poco con los tiempos que corren para el amor.

Priorizar lo importante ha sido lo más sensato. Y en nuestro caso la familia que hemos creado es lo primero, lo que nos ha mantenido sanos y salvos en muchas ocasiones. Vivir los tres juntos cada situación, sea buena o mala. Construir y coleccionar momentos es nuestra máxima felicidad, y eso ha hecho que los tres estemos más sanos y felices.

Durante los cinco últimos años, lo más importante era hacer equipo, mirar qué teníamos que hacer y cómo seguir adelante. Como he dicho, cuando en más de una ocasión tu hija quiere tirar la toalla, hay que ocuparse, no preocuparse, y tener esa estabilidad de pareja nos ha ayudado mucho. Quizá es una herramienta más para salir adelante, puede ser, pero creo firmemente que cada ser humano busca las suyas, las que para él son válidas, así que, si encuentras lo que a ti te funciona, cógelo y no lo sueltes. No pienses más, sigue adelante; al final, de todo se sale y todo llega.

Durante la mayor parte del tiempo de la transición de Cloe nada ha sido fácil: cambios de colegio, rechazo familiar, soledad, problemas laborales y económicos por la necesidad de estar presente en casa la mayoría de las veces y un largo etcétera.

Una de las cosas que más nos pesa es la soledad, la soledad por amistades que ya no tengo o familiares a los que ya no puedo contar nada, porque, entre otras cosas, no entienden nada. Me pasa igual con muchas amigas o conocidas: no hay nada más desagradable que te pregunten cómo estás, pero no quieran escucharlo. También es verdad que no van a entender muchas veces nada, así que optamos por el silencio.

Por encima de todo, lo más importante para mí es la salud mental de Cloe, que siempre ha necesitado que alguno de los dos estuviera presente, siempre. Desgraciadamente hemos tenido que ser muy padres y muy familiares con ella. Ni un segundo nos hemos podido permitir delegar en nadie su crianza. Hasta hace bien poco no había dormido fuera de casa y no porque nosotros no la dejáramos, sino porque no se podía, el miedo a que se hiciera daño —hubo un tiempo en que se autolesionaba y nos daba miedo dejarla sola— nos frenaba.

Reflexionando, a mí también me habría gustado disponer de más tiempo para mí, que se quedara a comer en el cole y que por la tarde fuera una abuela a buscarla, o que yo trabajara mucho y se ocupara más de ella mi madre. Pero cuando no sabes nunca cómo va a salir del colegio, tienes la necesidad de dejarlo todo, reducir tus quehaceres y hacerte cargo tú. Y eso, obviamente, agrava tu situación económica y laboral. Han sido años muy difíciles, insisto. Eso sí, con la gran suerte de saber que estamos haciendo lo correcto.

Cambiar de colegio hasta tres veces no ha sido fácil para ninguno, porque en cada paso que hemos dado se nos ha cuestionado como familia y como padres. Y eso o lo llevas en unión o no sales adelante. Además, los episodios de *bullying* en distintos momentos de su infancia han requerido mucha atención y mucha formación; así es, nos hemos tenido que informar de todo para poder acompañarla. Mientras, nos íbamos haciendo más activistas de la causa trans, seguramente porque era una necesidad vital en ese momento de nuestras vidas. Vivir en minoría te hace necesitar estar presente en la lucha por sus derechos. Tienes y sientes la necesidad de ser útil en ese aspecto.

Cuando notas el rechazo de buena parte de tu entorno, sientes la urgencia de dar visibilidad y participar activamente para mejorar su situación. Casi es una cuestión egoísta; si no notas esa discriminación, ese rechazo y la soledad, igual no tienes tanta necesidad de luchar. En nuestro caso sí, porque desde un principio nos vimos solos y buscamos estar en comunidad, y es que en 2018 no éramos tantos ni tan visibles. Nosotros hemos sentido mucha soledad, y hacer piña nos ha ayudado a salir del hoyo en muchas ocasiones. Encontrar familias que pasaban por lo mismo ha sido la mejor terapia.

Las mujeres hemos nacido, crecido y nos han convencido de que la productividad y el trabajo son nuestra identidad. Sin ello estamos perdidas. Nos autoexigimos demasiado. Hay que trabajar, pero también hay que criar, ser feliz… además de practicar regularmente deporte y seguir unos cánones estéticos para gustar y tener pareja. Es mucho, demasiado y, sinceramente, yo no llego. Cuando alzamos la voz, nuestras abuelas no saben de qué nos quejamos, pero creo que no tienen razón porque en esta nueva etapa se nos exige más y nos exigimos más que antes.

Pero vamos a dejar de romantizar la maternidad y hablemos con propiedad. Cierto es que este es un viaje de muchas emociones, experiencias y desafíos, pero no deja de resultar agotador y castrante, y nos lleva a la mayoría de las personas que maternamos a perder nuestra identidad.

En mi caso concreto, intentando mantener mi profesión y mi autoestima alta, seguí trabajando doce horas diarias mientras daba los biberones sentada frente al ordenador. Pero cualquiera sabe que, si quieres atender bien ambas cosas, tienes que renunciar a algo o pedir ayuda. Y a mí se me da fatal pedir ayuda. Lo considero un gran defecto, aunque, si algo he aprendido en terapia, es que el de enfrente ha de saber que estás sufriendo para poder actuar y ayudar.

En el momento que tuve el test de embarazo en la mano, dejé de pensar en mí. Recuerdo esa tarde, 2 de agosto, como si fuera hoy, sentados en la plaza de la Muralla, y pedir una cerveza sin alcohol y reír. Quizá las circunstancias de haber estado enferma solo unos meses antes me llevaron a pensar que ese embarazo venía a curarme de mi cáncer. En mi cabeza solo podía pensar que, si mi cuerpo era capaz de concebir y crear algo bueno, ya estaba curada. La responsabilidad del bebé quedaba atrás. Pero ahora resumo la maternidad como un mar de dudas, obligaciones y preocupaciones. Al final es satisfactorio, sí, definitivamente sí, pero como dicen muchas veces, si pensáramos lo de ser madres o padres, no sé si lo seríamos. Si visualizaremos a ese bebé con veintiún años, lo pensaríamos dos veces.

Por otro lado, me gustaría hablar del gran debate que, además, me ha acompañado muchísimo en la transición de Cloe y en la mía: ¿qué es ser mujer? Desde hace un tiempo, debido a las circunstancias familiares con mi hija y su infancia trans, me lo preguntan muchísimo, y yo misma también me lo pregunto: ¿qué es ser mujer? Lo primero que me viene a la cabeza es, cómo yo, Carolina, mujer cis —como he apuntado en páginas anteriores, alguien es cisgénero si su identidad y expresión de género coincide con el sexo que se le asignó al nacer—, supe que sí, que soy mujer y no me he cuestionado nunca nada. ¿Cómo lo supe? A mí me hace mucha gracia cuando me lo preguntan, porque no lo sé, pero sé que lo soy.

Lo que sí sé, y me ha inquietado sobremanera y me ha hecho leer mucho sobre el tema, es que sexo y género no son binarios. Ahí está la biología para demostrarlo. La biología, sí, la que tanto se cita y a la que se apela como la gran verdad. No hay solo dos géneros. He leído mucho sobre cromosomas y personas intersex, personas trans, personas no binarias, y existen numerosas personas con cromosomas XX, XY, XX0 y muchos más.

Solo hace falta informarse un poco para saber que no somos binarios. Y que quizá, si no tuviéramos la necesidad de ponerle nombre a todo, de etiquetarnos y encajarnos, viviríamos todos más tranquilos y mejor, sin tanto prejuicio, porque desde que la vida es vida han existido personas diversas.

Se habla mucho de si ser mujer es un constructo social, que ser mujer no es un sentimiento. Obviamente no es un sentimiento, ni un estereotipo, pero tampoco ser mujer es cuestión de biología. Y creo que a lo binario hay que darle una vuelta, porque solo entonces habremos evolucionado de verdad. Si echas un vistazo a la historia, verás que hemos involucionado. En efecto, en la antigua Roma los homosexuales se casaban. No sé qué ha pasado, pero nos hemos perdido algo, y apuesto a que es por la educación.

Te voy a dar mi opinión más sincera: estoy segura de que se nace mujer, que no es un sentimiento. Desde mi experiencia como mujer con vagina, desde que nací, es decir, yo nací y mi madre vio una vagina y dijo «es una mujer». Mi familia vio un fenotipo —fenotipo se refiere a los rasgos que se observan de una persona, los visibles, como la estatura, el color de ojos, la corporalidad— mujer y me asignaron el género femenino.

Pero la vida me ha enseñado que no todo es blanco o negro, bueno, Cloe me lo ha enseñado. Entiendo a las personas trans como mi hija que en el momento en el que todo el mundo se refiere a ti como hombre sientes que algo no encaja, malestar, incomodidad, algo que yo, por ejemplo, nunca sentí. Así es cómo yo lo he reflexionado y cómo he entendido qué es ser trans, y qué es sentirse mujer o sentirse como se siente mi hija Cloe. No te lo vas a creer, pero para mí ha sido supercomplicado intentar entenderlo y no caer en las mismas dudas. He tenido que ponerme metas y entender mis sentimientos e interpretar los de mi hija.

Sí que es cierto que mis circunstancias me han empujado a querer investigar, a que me cuestione el género, pero entiendo perfectamente a las personas y familias que no tienen esa necesidad. Y que, además, no entiendan nada ni tampoco hagan por entender; al final no es su mundo ni su entorno, y no sienten esa necesidad. Pero sí la tienen las nuevas generaciones, y ya que esto es así, ¿por qué no incluirlo en la enseñanza para que los que vienen detrás lo tengan más claro?

Pasé la primera mitad de la vida de mi hija muy ocupada —ya he hecho referencia a estas circunstancias antes—, por lo que el agotamiento me mataba. Y también me mataba no ser lo suficientemente profesional en mi trabajo. Algo que te lleva a un sentimiento de culpa permanente. Así que la gran pregunta es: ¿soy más mujer o más madre?

Espero que tú sí lo sepas. Yo me quedo con que soy una persona que ha intentado desempeñar su rol —me ha tocado el de cuidadora— lo mejor que ha podido, un rol que a veces no he querido asumir, pero que al final he aceptado porque es lo que me ha tocado.

Desde muy pequeña me he hecho cargo de todo en exceso y así me ha ido: no he sabido delegar y continuamente me he ocupado de todo. Pero sin duda lo que más me define y me definirá por tiempo ilimitado es que voy a ser para siempre más la madre de Cloe, y eso es lo que ahora mismo pondría en mi currículum. Madre y creativa publicitaria, porque si hago balance, se me ha dado mejor sacar adelante una infancia complicada y trans que mi profesión. Y, además, las oportunidades de crecer como persona que me ha brindado la gran lección de vida de mi hija es lo que me hace y me define mejor hoy día.

En estos últimos tiempos me he cuestionado mucho por dónde iré a nivel profesional, he aprendido tanto a escuchar, a entender la diversidad, que lo único que me nace del corazón como M trabajadora es ayudar. Poner en práctica mis estudios y conocimientos para hacer grandes cosas, como escuchar a los demás y ayudar.

Me gustaría que los años de terapia sirvan para algo. Y no está mal, a los casi cincuenta años, cambiar de rumbo profesional para ser más feliz y sentirte más completa. Nunca es tarde. Y dar ejemplo una vez más a mi hija, que sepa que nunca es tarde para ser feliz, que se puede. Que las cosas siempre pasan por algo, que la vida no es cuestión de suerte, sino de poner rumbo; ya cambiará la fortuna. Se habla mucho de la cultura del esfuerzo, y, sí, con constancia y empeño se consiguen muchas cosas, pero con la actitud correcta aún muchas más.

No me voy a quedar con una M sola y me voy a poner las dos: soy Carolina y soy MM, madre y mujer a partes iguales, y a partir de ahora voy a saber tener presentes las dos. Soy incapaz de separarlas a estas alturas y de renunciar a una parte de mí. No he sabido durante mucho tiempo convivir con las dos, pero si ahora me preguntas, creo que sí se puede.

Y en esas estoy, conociéndome más y siendo la madre de…, muy dignamente, sin perder mi esencia, pero, eso sí, sabiendo cuáles son mis límites.

Y ya sé cómo quiero pasar estos años de mi vida: sencillamente siendo yo, en mi versión más tranquila y sana.

¿POR QUÉ LO LLAMAN «MATERNIDAD» SI EN REALIDAD ES UNA...?

Mi conflicto con la maternidad me viene de lejos. No es que yo esté en contra de ser madre o que lo estuviera, pero la verdad es que no tenía demasiadas ganas. Supongo que por mi naturaleza de independiente emocional, me daba miedo tener que cuidar de alguien.

Ahora me defino como madre todo el tiempo y es porque, al final, allá donde voy me llaman así. Pero es exactamente eso, la pérdida de identidad e independencia lo que me generaba un conflicto con la maternidad. Ahora mismo me quedan pocos espacios donde me llamen Carolina, dado que para todos soy la mamá de Cloe. Es cierto que hemos avanzado, pero es inexplicable; parece que si tienes hijos el sistema se acaba imponiendo y los estereotipos, apareciendo.

Hay que decir que la culpa ha sido mía, ya que, como me pasa con todo, me obsesioné con ser mamá y desde entonces he perdido autonomía, pero conscientemente, porque —te lo he dicho ya unas cuantas veces, perdona la insistencia— no sé delegar, soy muy muy testaruda y si se me mete algo en la cabeza no paro. Y no iba a ser menos con la maternidad. Así soy, y te doy un consejo que no me has pedido: no hagas como yo, delega.

Como ya he dicho antes, desde que la prueba de embarazo salió positiva, ya me vi y proyecté la madre que debía o quería ser. Eso es muy típico, proyectar, proyectar y proyectar... Las películas que nos hacemos de cómo vamos a actuar siendo madres son dignas de Hollywood.

Pero la madre que te imaginabas ser con la que te toca ser —porque te toca, tú no decides, no puedes decidir cosas como que el bebé esté sano o que todo salga bien— no tienen nada que ver. En este punto también me pongo a filosofar, puesto que, ¿qué es lo que está bien? Siempre hay que pensar que lo que nos ha tocado es por algo, y estoy segura de que es bueno para nosotros.

Yo iba a ser la madre de un niño al que iba a llevar a la escuela infantil; además, le iba a apuntar a mil cosas: fútbol, música... Lo iba a vestir con pantalones negros y a ponerle la música de mi vida, nada de *mainstream*. ¡Ingenua de mí!, la vida me tenía preparadas muchas sorpresas. Solo fue a la escuela infantil cuatro meses antes del cole, porque éramos incapaces de dejarla. Jorge estaba en casa, así que, qué necesidad, pobrecita, de dejarla con extraños. Luego acabamos llevándola esos cuatro meses, pero solo hasta las doce del mediodía, cuando la íbamos a buscar para comer juntos. Después pensamos, bueno, cuando llegue el cole se quedará en el comedor —me río—, porque solo estuvo tres meses y fue horrible. No lo soportaba ni ella ni nosotros. Tenía tanto conflicto consigo misma que no lo pasaba bien y, por tanto, nosotros tampoco, así que nunca más se quedó a comer ni era necesario en realidad, porque nosotros estábamos en casa y priorizamos estar con ella.

Recuerdo que cuando nació, me decían: «¡Qué niño más bonito, está diseñado!», una gracia que decía mi familia teniendo en cuenta mi profesión de publicista. Me decían que lo había hecho por ordenador, por eso era tan guapo, rubio y con ojos azules. Recuerdo con mucha vergüenza pensar qué pasaría si me salía un niño feo, pensamientos intrusivos de madre tóxica; en cambio, si me imaginaba una niña, no se me pasó por la cabeza en ningún momento nada similar. Hoy en día me avergüenzo muchísimo de semejante pensamiento, no entiendo cómo podía ser tan superficial.

Yo pensaba que la vida con un bebé con vagina iba a ser de color de rosa. Sí, sí, como lo lees, mi yo de ahora está vomitando de la risa y avergonzándose de lo que escribe, pero quiero ser lo más honesta posible y expresar de verdad cada uno de mis sentimientos, y era así, tal cual. Una imagen absurda que, obviamente, se ha deconstruido para ser la madre que Cloe necesitaba. Ya puedes intuir lo difícil que ha tenido que ser para mí, porque, en el fondo, estamos educados según esos estereotipos, y muchos de mi generación lo entenderán dado que lo llevamos en el ADN.

¿Te imaginas a una madre a la que le preocupe más si su hijo es feo que su salud? Como en las ecografías todo salía bien, pues lo que me imaginaba era lo más absurdo. Es verdad que mi embarazo fue duro, porque después de sufrir el cáncer, me sometí a muchas pruebas para comprobar cómo estaba, aunque afortunadamente no tuve ningún sobresalto. Eso sí, ¡soñaba con que daba a luz pollos y cosas así!, no digo más. Ahora me río bastante de esa etapa, pero ¡vaya etapa!

En el fondo tengo que reconocer que he sentido envidia cuando veía a niños perfectos. Vidas perfectas y familias perfectas, o lo que para mí en ese momento representaba la perfección, porque mi yo de ahora, el de 2025, no cree en la perfección: nada es perfecto. Por eso ya no pierdo ni el tiempo ni la energía en mirar a los demás.

Yo creo que cuando una madre o una persona critica a otra lo hace por envidias insanas o frustraciones que no nos dejan vivir ni pensar. Nos cuesta admitirlo, pero es así, es nuestra propia naturaleza. Pero es cierto que cualquiera en su sano juicio no perdería ni un solo segundo en la envidia. Por esta razón pienso que, cuando se siente, es por una carencia emocional o material que nos hace tener FOMO hacia otras personas —fenómeno que se manifiesta en el miedo a no estar ni tener, en la ansiedad generada por el temor a dejar pasar algo—. Si estás en paz, no pierdes el tiempo.

Como para cualquier persona, gestar me cambió la vida. Parece un topicazo, pero juro que es así. Te cambia la vida, y nunca sabrás si para mejor o para peor. Hasta entonces, siempre que veía a una mujer embarazada, solo pensaba que lo estaba sin más. Desde que lo he estado yo, cuando veo a una mujer embarazada, veo también a un bebé. Suelo pensar en lo que hay dentro, cómo sentirá y cómo vivirá. No veo solo a una persona con barriga, sino a dos: la de la barriga y la que está dentro.

Nuestro cuerpo es increíble, capaz de generar a otro ser como nosotros y, además, dentro de nosotras. Llámame loca, pero debería escribirse más y hacer más y más películas sobre este proceso porque no me digas que no es un fenómeno en toda regla y un bombazo para el cuerpo. La persona que gesta a un bebé experimenta un millón de cambios —y no solo hormonales, que no son pocos—. Los físicos son tan brutales que hacen que de repente seas otra persona y que en muchos casos no te reconozcas. Después tu cuerpo y tú no volvéis a ser la misma persona. Para empezar, sois dos, ya no estás nunca más sola.

Para muchas, los cambios pueden darse en forma de emociones positivas y euforia. Todo es perfecto y maravilloso, y eso es lo que debería ser. Y las admiro profundamente. Pero en muchos otros casos llegan las angustias, la preocupación, el miedo a ser madre, esto es, tener miedo a tu propia capacidad para ser madre, a no ser la madre que tu hijo necesita. En mi caso te juro que era como vivir en un videojuego, tenía que sobrevivir ese día y mañana más. Reconozco que hubo un momento en que lo pasé fatal, no me gustaba nada ser madre, pero afortunadamente lo superé.

Pasas por un sinfín de emociones, no hay por dónde cogerlas. Eso sin contar que hay muchas personas a tu alrededor que te dan su opinión, que te sermonean sobre cómo hacerlo, cómo vivirlo, cómo reaccionar. Otro consejo: no hagas caso de nada ni de nadie, si tienes miedo, pues tienes miedo, y ese miedo te hará reaccionar. Nuestro instinto animal nos hace reaccionar, así que, tranquila, lo vas a conseguir.

Pero no es menos cierto que nos enfrentamos a un cambio brutal de vida y de perspectiva que debemos asumir. Y nos tendría que acompañar la sociedad y tratar a la persona que está gestando con un poco más de cuidado y dejar de lado el chiste fácil de las hormonas. Porque obviamente las hormonas nos traen locas, pero no debería ser motivo de mofa, sino más bien objeto de comprensión y paciencia. Hay muchos aspectos de todo este proceso que se consideran como normales y, rotundamente, no lo son.

Ya te he dicho que en mi caso la gestación vino después de muchos meses enferma de cáncer, con visitas frecuentes a médicos, entrando y saliendo de los hospitales. Y, claro, el cambio todavía fue mayor porque durante el embarazo me sentía sana y eufórica, no tuve ni un vómito ni pasé una mala noche —ya las había pasado antes, cuando tomaba prolactina, progesterona y un sinfín de cosas más.

En cuanto me quedé embarazada, decidí que no quería dar pecho, básicamente por dos razones: la primera, no quería verme más incapacitada por ningún dolor, y la segunda, quería compartirlo todo con mi pareja. Y, como siempre, me llovieron las críticas. Habrá quien diga que dar pecho no es doloroso, pero conozco muchos casos en los que ha sido complicado. Yo, egoístamente, quería disfrutar al máximo del nacimiento y la maternidad, sin dolor y sin sentirme enferma, me quería recuperar lo antes posible y disfrutar y nada más. Pero la sociedad no está preparada todavía para respetar según qué decisiones, y una no es más madre o mejor persona por dar pecho ni por tener un parto vaginal. Las madres por cesárea y las que dan biberón también lo son. Hay cosas que damos por sentado, pero, luego, cuando te mueves en entornos de crianza, caben dos mil opiniones, y sinceramente, no hay nada como mantenerte firme con lo que tú piensas y no hacer caso de los comentarios ajenos. Para mí la máxima de la maternidad es no juzgar, no opinar y dejar ser.

Toca abrir otro melón, el de las personas que cuidan y crían a un bebé, que son también sus mamás o papás. Y la verdad es que estoy harta de oír las palabras «madre biológica» o «padre biológico». La biología no lo es todo. Desde que el mundo es mundo se ha necesitado una tribu para criar a los niños y no ha pasado nada; una vez más estamos involucionando.

¿En qué momento hemos pasado a que las familias sean solo una pareja? ¿En qué momento vemos mal o diferente una familia construida de otra forma? Porque podemos parecer muy modernos y avanzados, pero en muchos ambientes aún se identifica a la familia con la pareja y, si no, no es familia. Por fortuna, ya empezamos a vislumbrar cambios y a tener presentes otros modelos de familia.

En este punto intento ponerme en la piel de Cloe y visualizar un futuro familiar para ella y adecuado a su condición, pero la verdad es que todavía no lo veo. El año pasado era el año de las familias, y tuvimos la gran suerte de conocer a muchas. Y estoy agradecida de ver incluso a jóvenes que se organizan como familias sin consanguinidad. He conocido familias por afinidad, por organizarse para tirar juntos.

Con todo lo que he vivido, he crecido como madre, y no tiene nada que ver la visión que ahora tengo de la maternidad con la que tenía en el pasado. Es más, si volviera a tener a Cloe, sabiendo lo que sé ahora, mis criterios serían otros, me animaría a criar a una persona sin género asignado, por lo menos intentaría ponerle un nombre neutro, para dejar fluir el género y que la personita en cuestión decidiera su futuro.

Cuando nació Cloe pensé que sabía cómo era una crianza positiva, basada en el respeto. Pero, una vez más, estaba lejos de la realidad. Criar en positivo debería ser, en todos los casos, escuchar y acompañar sin interferir. Muchos opinan que entonces no hay normas, pero yo siempre contesto que ser respetuoso no está reñido con saber poner límites, con poner límites de una manera respetuosa, sin humillar. Tenemos muy normalizado que cuando un adulto grita o ejerce la violencia contra otro está mal, pero cuando lo hace con un niño no, porque lo hace por su bien, para su educación.

Yo no me veo como otras madres, no me veo siendo autoritaria, porque considero que el diálogo siempre será la mejor opción. Hablar y fomentar el pensamiento crítico en tu hijo es el mejor regalo que le puedes hacer. Por supuesto, el mejor que te va a hacer él es que entiendas que estás para proteger, proporcionarle cuidados y bienestar, pero en todos los sentidos. Si le tratas mal o das mal ejemplo, no lo estás educando. La escucha activa, el diálogo con él siempre es la mejor opción, y desde ese lugar podrás abordar los problemas de salud mental y traumas emocionales que pueda tener y que tú puedas evitar con tu comprensión.

Nuestra generación de madres es la que más escucha, la que más reconoce sus errores y la que pide perdón. Y estoy segura de que nuestros hijos nos lo agradecerán. Saber que tus padres no son perfectos y que también cometen errores es un gran paso para llegar a un buen entendimiento y comunicación con ellos y poder establecer una relación sana.

En definitiva, la maternidad es una mierda, pero una mierda que huele muy bien.

HABLEMOS DE COLEGIOS Y PARQUES

Vamos a abrir otro melón, uno tan grande como es la educación de nuestros hijos y los centros escolares. No conozco casi a ninguna familia que no haya discrepado al menos una vez con el centro escolar de sus hijos, ya sea por temas académicos o porque el personal no encaja con los valores de su crianza. Todas y cada una de las familias, repito, han discrepado de su centro escolar alguna vez, y en muchas ocasiones han claudicado y no han aportado al centro sus ideas para mejorar, siempre desde la crítica constructiva. Quiero abrir este melón, pero desde el respeto y con la lección aprendida de que hay que ser más concreto y saber decir las cosas.

En un mundo ideal, tú matriculas a tu pequeño de tres años y poco, o dos y mucho en algunos casos, cuando todavía es un bebé. Lo matriculas en un centro escolar que has visitado pocas veces, pero te has informado, crees que lo conoces y, además, crees que es el mejor, mucho mejor que cualquier otro. Has hablado con el claustro, con las madres, padres que llevan a sus hijos; bueno, has hecho lo que tienes que hacer: informarte. Vas a dejar allí a tu tesorito, a tu hijo, eso que es tuyo. En efecto, hasta el momento es tu bebé y todo lo que hagan los demás, todo lo que opinen te va a parecer mal, solo tu opinión es la correcta. Por eso la decisión del centro es crucial porque nada te parece suficiente cuando se trata de tu tesorito.

En las bases educativas del colegio hablan de lenguajes inclusivos, del respeto, de tolerancia cero a las agresiones y de un montón de cosas maravillosas que te hacen pensar que allí se va a quedar tu bebé hasta que cumpla los doce años. Asimismo, piensas que ese es el centro ideal y que lo dejas en buenas manos. Y el caso es que yo siempre he respetado mucho el centro y los valores de los tutores, siempre he respetado y escuchado lo que me tuvieran que decir, aunque a veces no me gustaba.

Si de algo he pecado es de confiar en que el profesional que tengo delante está haciendo lo correcto. Eso no quita que diga lo que me parece mal; pues eso, que no me callo jamás, prefiero preguntar, decir y comentar las cosas, eso sí, insisto, de una forma educada y asertiva. Y esta actitud muchas veces se interpreta como una queja, cuando lo que he intentado es ser constructiva. Si algo no me gusta, lo digo; así, no me parece bien, por ejemplo, que pongan a los niños contra la pared y los apunten en una lista por no estar en la fila justo después de que suene el timbre. Llámame lo que sea, pero creo que los niños tienen que ir felices al colegio y no con miedo.

Para nosotros la etapa escolar desde los tres a los doce años ha sido un auténtico suplicio. Nunca hemos encontrado paz, precisamente porque hemos querido educar a Cloe desde una perspectiva muy distinta a la de nuestro entorno, sobre todo el escolar.

Hablaré de centros, pero también de familias. Las dos cosas, pero por partes, porque ha sido una etapa de mucho aprendizaje y de mucha paciencia. Y, además, no quiero hablar desde el rencor. Es verdad que hemos vivido situaciones muy graves, pero de todo hemos aprendido, y si de algo estoy convencida es de que en ningún momento he respondido con violencia. Porque créeme si te digo que podríamos haber actuado en mil ocasiones con muchísima contundencia, y no lo hemos hecho por el bien de todos.

Empezaré por el principio, por los centros. Estoy segura de que todos intentan hacer un esfuerzo, no hay ninguno que no quiera o no lo intente. Me niego a pensar que un profesional que se dedica a educar y a formar a personitas solo va al centro escolar a fichar y pasar el día. Por eso siempre he valorado cada una de las opiniones que se me han dado sobre mi hija. Siempre, y defenderé que lo he hecho lo mejor que he podido dadas las circunstancias. Eso sí, creo que mi error en esos años fue no ser más directa y menos transigente, decir las cosas como las decía cuando era joven, con rotundidad y con la expresión que corresponde, sin confiar ni un segundo en la interpretación del que me escucha, esto es, tendría que haber verbalizado cómo me sentía y lo que pensaba en cada momento. Sin miedo. Nunca he cuestionado a mi hija cuando decía que la agredían, siempre he validado sus sentimientos, pero tenía que haber sido más explícita en mis comentarios.

Pero, por otro lado, creo que los profesionales buscan que todo esté en calma y que ningún niño moleste. Si tu bebé es correcto, tranquilo y sigue la norma, el centro es maravilloso, pero en el momento en que tengas un mínimo de necesidades o de cuestiones que plantear, todo cambia. Molestas, y mucho, y esto es aplicable a cualquiera de las necesidades o dificultades que te encuentres con la crianza. Da igual la diversidad que sea, ya molestas.

En este capítulo de mi vida, sigo con muchas cicatrices, porque ha causado un dolor irreparable en Cloe y esto es una mochila que cargaremos siempre. Una de las frases de la coordinadora del último centro al que acudía Cloe era que había que pasar página, que no le diéramos más importancia a lo que nos decía, que le cambiáramos de tema. Que no le habláramos más y que dejáramos de darle más vueltas.

No sé qué pensará quien me lea, pero después de hacer mucha terapia y de informarme mucho, uno de los principios básicos para acompañar en etapas de conflicto es validar emociones, validar lo que estás sintiendo. Todo lo demás está mal, está muy mal, todo lo que te puedan decir hace que te sientas peor.

Y lo digo con total convencimiento: una persona que está mal no necesita oír que no pasa nada, que ya pasará y que no es para tanto; una persona que está mal necesita acompañamiento y que la validen, escuchándola cuando menos.

Casi en ninguno de los centros, digo «casi» porque en uno al menos lo intentaron, se han molestado en escuchar bien, es decir, no se han molestado en investigar qué ocurría de verdad. Ni en validar a

Cloe, ni en aceptar que si se sentía así simplemente se sentía así y ya está. Y ante esta mirada, Cloe optaba por no hablar, por no mostrar, porque sentía que no le hacían caso, que no servía para nada. Y así hasta que le diagnosticaron depresión, que en el colegio no detectaron porque siempre la veían sonreír. Muy dura esa etapa.

Hemos tenido que trabajar con ella, enseñarle a saber pedir ayuda, a saber que hay que decir las cosas. Este silencio que la acompaña es por la mochila que carga de los primeros años de transición y del centro escolar al que acudía, donde solo molestaba y era el niño malo. Es de manual, cuando un niño es un poco más movido de lo normal solo se le manda callar o sentarse, no se lo motiva ni se busca saber por qué tiene ese comportamiento.

La frase que más escuché en los primeros años de colegio desde dirección era «Abre el paraguas», porque según ellos no debía hacer caso a nadie ya que no existían conflictos y, sinceramente, no era lo que yo percibía con las familias con las que coincidíamos en el parque. Cada día pasaba algo: una madre o un padre me recriminaba que su hijo había tenido un conflicto con Cloe o viceversa. Pero lo que a mí me decían desde el centro era todo lo contrario.

Fueron años en los que yo misma estaba vendida y perdida, no sabía cómo afrontar lo que tenía en casa: un niño que era más maduro, sí, pero que también escondía su verdadera identidad y, por tanto, vivía en pleno conflicto desde muy pequeño. Si yo no lo supe ver, tampoco voy a pedir a estas alturas que el centro lo identificara antes. Y mucho menos en 2014, en Castellón, donde nadie sabía de infancias trans; como mucho, alguien lo había oído, pero poco más. Así que estoy segura de que se intentó hacer lo que se pudo.

Eso sí, no quita que para nosotros en casa fuera durísimo ver cómo íbamos para atrás, con lloros y más lloros. Fueron años muy dolorosos, que no recuerdo con demasiado cariño. Pero de los que, de nuevo, saqué un aprendizaje: el no volver a ser tan tibia con nadie y, especialmente, con todo lo que tiene que ver con la educación de Cloe.

Por eso concluyo que la etapa escolar nos ha servido para aprender mucho. No solo porque estábamos lidiando con la transición de nuestra hija, sino también con la transición de todos como familia.

Esas experiencias nos han llevado a ser como somos ahora, como nos queremos y como nos tratamos. También nos han hecho ser la familia en la que nos hemos convertido, que ni mucho menos es idílica, pero sí se acerca a lo que yo en mi imaginario quiero para mí. En mi caso he aprendido a escucharme más y a escuchar mucho más a los demás. Y, sobre todo, como repetiré mil veces, he aprendido a no juzgar, porque tampoco quiero que nunca nadie más me vuelva a juzgar.

En cuanto a las familias que nos han acompañado en la etapa escolar, quiero ser muy asertiva, por lo que puedo asegurar que he recibido rechazo. Es duro decirlo así, pero si reflexiono y soy sincera, esa es la verdad. Y esto puede ocurrir por varias razones, una de ellas, obviamente, es que si llegas a un centro con una realidad distinta y con un protocolo que dice cómo se tiene que tratar a tu hija, creo que, si me pongo en su lugar, hasta yo sentiría rechazo. Y tampoco es un buen comienzo si el primer día de colegio ya se produce un conflicto en el patio y te convocan a una reunión para hablar con dirección.

En cuanto a las familias, lo que más he visto es lo siguiente: mientras no les trastoques su realidad o la realidad de tu hija no haga que sus hijos se cuestionen la suya, todo está bien, son supertolerantes e inclusivos. Es más, la frase que más repiten es: «Pero si no es nada, mi hijo no le da importancia».

Sin embargo, lo que tú percibes no es lo mismo, y me reitero en que también influye mucho cómo estés tú de receptiva, cómo te encuentres. Aunque eso no evita el hecho de que siempre hemos sido la nota discordante, ya fuera por una excursión, por una reunión o por cualquier otra cosa, pero me he sentido el bicho raro. Y esto me hace pensar que el respeto que yo he aprendido a tener no lo he recibido a cambio; también me he sentido juzgada, a pesar de que también he aprendido a no juzgar. Seguramente la falta de información, junto con una manera distinta de ver las cosas y de entender la identidad de Cloe han hecho que las familias no se acercaran a nosotros. Supongo que es consecuencia directa de no creer en una infancia trans. No hay más que hablar.

Eso sí, como he apuntado más arriba, cuando les preguntas, no tienen problema y según ellos es totalmente normal. Ahora bien, si se plantea en sus casas, se lo callan y llevan a los niños al psicólogo. O simplemente le recomiendan a su hijo que no vaya con Cloe.

Sé que suena fuerte, pero ha ocurrido, igual que han ocurrido muchísimas más cosas que me gustaría olvidar. Por eso no las voy a dejar aquí escritas. No hacen bien a nadie y, sobre todo, pueden perjudicar a Cloe en un futuro. Esta tarea se la voy a dejar a ella. Cuando ella quiera y lo considere necesario, que lo escriba y lo cuente, creo que ponerlo negro sobre blanco la ayudará a sanar también su proceso. A mí lo que me corresponde es que tú, madre o padre, sepas que, si vives una situación de *bullying*, malestar o conflicto en el entorno escolar de tu hijo, te vas a sentir impotente, con miedo, y no, no vas a recibir del centro escolar lo que necesitas.

Con la mayoría de los padres con los que he hablado hemos coincidido en la falta de herramientas y la falta de empatía. Nos hemos sentido más juzgados como padres y como familia, porque muchas veces es difícil ver desde dónde viene la agresión y el malestar, y si no hay una prueba contundente, la verdad es que cuesta.

No me centraré en eso, sino en la solución, y la solución en los primeros años de etapa escolar consiste en enfocarnos más en los sentimientos, las emociones y la relación que establecen los niños con los demás y menos en la lectoescritura. Llevo años analizando la situación, y ahora que ya hemos pasado la etapa de primaria, que creo que es la más importante, lo veo claro. No hay ningún centro que esté preparado para la diversidad, porque no están formados. Es más, llega un punto en que las familias quieren ver que sus hijos aprenden más matemáticas, que aprenden más inglés y que aprenden y aprenden. Si un profesor no pone notas o utiliza otro método de enseñanza, siempre hay una familia que no está de acuerdo.

Y llegados a este punto de evolución deberíamos preocuparnos mucho más de la educación en valores y menos del currículo. Es supernecesario aprender, tener muchos conocimientos, pero no, no es tan necesario en la etapa de crecimiento. El mundo gira y es cambiante, nuestros hijos y su generación van a inventar sus profesiones, no van a ser o querer estudiar probablemente lo que hemos conocido hasta ahora. Debemos darles herramientas para lidiar con otras muchas cosas. Y una de ellas es la diversidad familiar, de género, de expresión, de todo. Es importantísimo estar preparado para recibir y abrazar al mundo tal como viene. Y por eso la educación en la diversidad es imprescindible. Claro está que yo lo digo desde el privilegio de haber vivido una en mis propias carnes y de haber tenido la escuela que he tenido. Lo he considerado una oportunidad de crecer y enriquecer a nuestro entorno, pero para los demás no ha sido así. Es más, creo que, a diferencia de mí, muchos no lo ven como una cosa positiva.

Mi conclusión de esta etapa y mi aprendizaje, como ya he apuntado en páginas anteriores, es que nos centramos en las materias —matemáticas, lengua, inglés…— y descuidamos a las personitas que estamos formando. En primaria deberíamos dar más importancia a las actitudes y a las capacidades emocionales, amueblarles la cabeza en función de la vida que se van a encontrar.

LEO

En mi etapa de adulta, responsable de un bebé y posterior personita, existen dos etapas: una cuando nació Leo y otra cuando nació Cloe.

Las dos están muy muy marcadas, y nada tiene que ver la Carolina madre de Leo con la Carolina madre de Cloe, creciendo con ella. Es tristísimo, pero es así: cuando di a luz por primera vez fue en 2011, un 31 de marzo. Y la segunda vez fue en 2018. El parto duró no solo un día sino varios, pero el gran día, el día real del alumbramiento, fue en julio, en concreto el 17, cuando entramos en la consulta de la Unidad de Identidad de Género con Leo y salimos con Cloe. Es realmente el shock más increíble de mi vida.

Pero no nos adelantemos y empecemos por el principio. El día anterior a mi parto era mi cumpleaños, un jueves, y cumplía treinta y cinco años. A las doce del mediodía tenía revisión con Inma, mi ginecóloga. Ya habíamos tenido un susto unos días antes cuando, como iban a ser las últimas fiestas de Magdalena —las fiestas mayores de Castellón de la Plana— que íbamos a ser dos en casa, decidimos salir todo el día, a pesar de que yo pesaba 20 kilos más y parecía una morsa andando.

Hicimos lo que hacen muchos: la *mascletà*, mesón del vino (con mosto) y *pregó* (cabalgata tradicional en Castellón de inicio de las fiestas) con la familia. A las ocho de la tarde mi cuerpo no podía más.

Llegué a casa y me dormí; cuando desperté estaba mojada. Pensé que me había hecho pipí, pero cuando lo pensamos bien nos fuimos a Urgencias por si había roto aguas. Era el 26 de marzo y tenía fecha de parto para el 11 de abril, así que podía ser.

Fuimos al hospital y, nada, falsa alarma. Me hicieron varias pruebas y no parecía estar de parto ni haber roto la bolsa. Pero cuando fui unos días después a la consulta de mi ginecóloga, ella comprobó que apenas me quedaba líquido amniótico, así que probablemente sí había roto la bolsa el sábado anterior, pero no lo habían detectado. El destino quiso que Cloe naciera el 31 de marzo.

No sé si creo en el destino o no, pero desde luego la vida siempre se supera y hasta con las fechas te sorprende. Pasé el día de mi cumpleaños ingresada en el hospital, esperando a que o bien me pusiera de parto natural, o bien a la mañana siguiente me inyectaran oxitocina y me lo provocaran.

Pasamos un día 31 muy emocionante, inusual, con mucho miedo y, por supuesto, dolor. Un parto es algo que nadie debería perderse, es algo tan bestia, y no, no es nada romántico. Es una película gore, llena de sangre y fluidos, dolor y gritos. Luego lo recuerdas como el día más importante de tu vida y el día que no quieres olvidar nunca; de hecho, recuerdas cada contracción, los olores... se te quedan grabados. Sin embargo, no es un día bonito porque estás deseando que pase el dolor y que salga todo bien. Cuando ves por fin que el bebé ha salido y está bien, sigue doliendo, pero se pasa: ya tienes contigo a quien será tu mayor preocupación hasta el fin de tu vida.

Eso que dicen que luego segregas la hormona que hace que se te olvide, ni de broma; estoy segura de que a muchas personas les pasa igual. Que lo repetirías, sí, claro que sí, porque nació lo que más quiero en el mundo, pero que es un día horrible también lo digo. Y asimismo tengo la duda de si el segundo hijo es igual de intenso que el primero. En mi caso tengo dos hijos, pero solo una vida, no sé si se entiende.

Como mi familia me había visto los últimos meses enferma, excepto en el embarazo, la alegría y felicidad por verme sana y dando a luz hizo que la habitación pareciera una fiesta, tanto que no cabía más gente en ella. Mi consejito: si estás embarazada no avises a nadie cuando vayas a parir, mejor id solos; lo agradecerás porque luego no te apetece que nadie te vea cuando no estás en tu mejor momento, dolorida, hinchada... Así que mejor solos.

Los días y semanas posteriores al nacimiento de Leo fueron muy bonitos y caóticos a la vez. Es como si estuvieras viendo la mejor serie y no pudieras dejar de mirarla. Se te olvida todo. Me resulta imposible ahora mismo escribir pensando en Cloe y escribir Leo, pero es absolutamente necesario que cuente mi pasado con él, porque de alguna forma hay que dejarlo atrás y la mejor manera es contándolo y escribiéndolo. Pero cuando hablo de la Cloe de dos, de cinco años, obviamente era mi pequeño Leo, mi rubio favorito. Es inevitable no acordarse de esa sensación, de tener un pequeño terremoto.

Las primeras semanas de Leo fueron tan intensas que yo ni comía ni dormía. Llegas a tu casa y no sabes por qué llora tu bebé. Es superdifícil acoplarse, piensas que tu vida y tus cosas seguirán más o menos igual, aunque tengas que cuidar de tu bebé, porque nadie te ha explicado cuánto cambia.

Recuerdo no dormir mirando a ver si respiraba, y me consta que no soy la única, he hablado con más personas a las que les pasaba lo mismo. La sensación de no existir nada más es increíble. Empecé entonces a entender el monotema de las familias y la maternidad. Antes no podía comprender cómo unos padres salían sin sus hijos y hablaban de hijos, y ahora yo no podía ni mear sin Leo.

Te nace un instinto animal no sé de dónde, pero está y cambias. Además, Jorge y yo en la crianza de Leo o de Cloe hemos sido de crianza no solo respetuosa, sino que la hemos escuchado desde bebé. Hemos vivido por y para su bienestar y no por nada en concreto, pero es que Jorge y yo nos conocemos demasiado, llevamos mucho tiempo juntos y ya hemos disfrutado de muchas cosas en pareja, lo que explica que nos hiciera muchísima ilusión vivir todo con ella siempre: salir a comer, viajar, visitar museos... todo absolutamente. Nos ha encantado enseñarle la vida desde todos los ángulos y así ha salido, madura y muy extrovertida, disfrutona como sus padres.

De ahí la falta y pérdida de identidad, que ha sido por nuestra culpa o por nuestras ganas, también, y que hasta este momento en el que estoy he visto maravillosa, es más, la sigo viendo así ahora mismo. Porque aún hoy día me quedan años para ser yo misma, y los años de Cloe han pasado y no volverán; los míos, en cambio, sí pueden volver.

En cada una de las reuniones familiares que se celebraron en sus primeros años de vida, nos cuestionaban nuestra forma de criar. Cuento uno de tantos ejemplos: si vas a una comida con la familia, lo normal es que antes de comer te tomes un vermut o una cerveza, ¿no? En cambio, los niños no pueden tomar nada. Así, si Cloe pedía un helado u otra cosa antes de comer, lo normal hubiera sido negárselo, porque, si no, no comería después. Nosotros, en cambio, se lo hemos dado siempre porque, si un adulto sale y es un día especial en el que se salta las reglas, ¿por qué mi hija tiene que ser menos? Para ella también es una celebración, en la que antes de la paella hay un helado, ¿por qué no? Es un día especial, repito. Y, además, así se valoran las pequeñas cosas de la vida, si no, vaya rollo.

En el día a día se han seguido normas, obviamente, pero también se han hecho pícnics en el suelo del salón un martes para divertirnos. En la actualidad se ha convertido en una tradición de Nochevieja: pícnic familiar tumbados en el suelo, comiendo cosas de capricho y tomando las uvas. Y por qué no, siempre he dicho que la educación y la crianza en positivo y con respeto no significa falta de reglas o normas, hay límites. Cada familia establece los suyos, y eso jamás se debe juzgar.

Leo era un niño muy muy extrovertido, muy alegre y seguro de sí mismo. A los doce meses empezó a caminar y a los dieciocho pidió un patín, que quiso cambiar al minuto uno para probar otro más rápido. Iba por las plazas superrápido, hacía mucha gracia tan peque con su pelo largo al viento y gritando ¡yupiii! Siempre ha sido muy precoz en todo, y eso es algo que nos han remarcado mucho en todos los lugares donde hemos ido, que era un bebé muy maduro para su edad. Y es que era así y lo era porque en casa le dejábamos ser y vivir libremente, y le dábamos herramientas para que reforzara la seguridad en sí mismo.

Esta precocidad en algunos ámbitos de la vida era maravillosa, dado que se manejaba bien en todo tipo de entornos, hablaba con todo el mundo...; en cambio, para el medio escolar era demasiado maduro y por eso no se adaptaba.

Y la verdad es que no tenía miedo a nada. Cuando era muy chiquitín un conocido siempre me decía que era de anuncio, que lo teníamos que apuntar a una agencia. Después de insistir mucho, muchísimo, llamé a una agencia de Valencia y en dos días hizo su primer catálogo. Era Navidad, tenía nueve meses, le sacaron unas fotos vestido de azul tan bonitas que encandilaban, y ahí nació el Leo de anuncio.

La verdad que fue casualidad, pero era tan extrovertido y tan guapo que le surgían oportunidades, muchas de ellas sin buscarlas; era verlo y llamarlo. Y eso nos llevó a que hiciera anuncios en Barcelona, y lo disfrutábamos mucho, porque, más allá de lo que implicaran los anuncios, nos veíamos obligados a viajar y conocer otras perspectivas de vida. Y para Cloe ha sido vital en su desarrollo acumular numerosas experiencias desde muy pequeña. Es increíble cómo te forja como persona viajar mucho y conocer, interpretar, ver cómo funcionan otras vidas.

De la misma manera que conocer otros lugares y otras personas ha hecho que Leo estuviera bien, también provocaba que la distancia con sus compañeros de clase se hiciera mayor y se viera distinto; esto es algo que me ha causado mucho conflicto, nunca he entendido por qué una persona tiene que dejar de hacer algo que se le da bien para no ser objeto de crítica. Mi respuesta siempre ha sido que debemos educar en no sentir necesidad de criticar al que se sale un poco de la línea.

Llevaba el pelo más bien largo, y la verdad es que era un muñeco, encajaba a la perfección en el estereotipo de niño rubio de ojos azules, que hablaba mucho y hacía mucha gracia. Pasamos unos años muy dulces, porque al yo ser autónoma, lo acompañaba a todos los rodajes. Y aquí un inciso: se nos juzgaba también muchísimo como padres, porque, claro, si un niño sale en un anuncio es por el afán de protagonismo de sus padres. Desde estas líneas te aclaro y te digo que si llevas a tu hijo a hacerse unas fotos y se pasa la sesión llorando, te aseguro que no vuelves, porque es de todo menos agradable. En cambio, si no deja de reír y disfrutar, y además te vuelven a llamar, cambia la cosa. Leo, si pecaba de algo en las fotos es de no parar quieto, algo que sigue haciendo a día de hoy.

Yo recuerdo a Leo con mucha nostalgia, me costó muchísimo desprenderme de la idea de no tenerlo, y no, no llevé nada bien al principio cuando nos dijo que era Cloe, no lo llevé bien. Y parece que cuando tienes en casa una infancia trans, está mal decir que al principio te cuesta. Yo creo que en el fondo a todos nos pasa, pero no es fácil reconocerlo y decirlo en alto.

Había sido mi niño bonito, mi niño perfecto, y estábamos tan felices los tres juntos... Nos llevábamos bien los tres, formábamos una buena familia. En una familia pueden pasar muchas cosas, puede llegar una enfermedad o una mala adaptación al colegio... qué sé yo, mil cosas. En nuestro caso no. Hasta que con cinco años empezó su malestar, no teníamos problemas como familia. Todo estaba bien y tranquilo, esa parte de mí estaba feliz. Lo estábamos haciendo bien. Pero empezó a sentirse mal y a ir fatal en el colegio, comenzaron los lloros y el mal comportamiento. Estaba muy mal y nervioso en el colegio. Era desesperante, no podíamos dejarlo.

Así que, sí, desprenderme de mi hijo fue muy doloroso, me costó un poco asimilar que ya no era Leo. Hubo un tiempo en que no daba crédito, la verdad, no entendía nada. No eres consciente de que la identidad no se elige y que un niño puede no sentirse bien con el género que le asignas, con cómo te diriges a él. Es muy difícil, te sientes tan mal, tan culpable, solo piensas qué has podido hacer mal, en qué te has equivocado. Pero es verdad que empezaron a cuadrarme muchas cosas, como, por ejemplo, que se encontrara supercómodo cuando lo confundían por su pelo largo con una niña, nos pasaba muchísimo, incluso de bebé. Y eso que su expresión de género era distinta, porque nosotros lo vestíamos como un señor mayor. Creo recordar que le compré una primera camisa de cuadros como las de su padre al mes de nacer o antes, y los vaqueros ya los llevaba con solo una semana. Le compré la ropa más estereotipada del mundo, no era azul celeste, pero sí todo pantalones vaqueros y camisas. Me reñían por vestirle de negro tan pequeñito. Pero me encantaba. Era un bebé ideal y precioso; está mal que lo diga yo, pero podéis ir a verlo porque las fotos de bebé de Cloe siguen vivas.

Es un legado que deja y afortunadamente Cloe lo ve con mucha ilusión, lo recuerda como algo grande; de hecho, acabará dedicándose a la publicidad o a algo similar porque le encanta.

Hablan de la huella digital. Es cierto que me preocupa muchísimo, pero hemos intentado que su huella sea superpositiva, no ha hecho nada de lo que se pueda avergonzar. Nunca hemos cruzado ninguna línea roja. Es decir, ni un anuncio para bancos, partidos políticos o que dañen su imagen, nada de anuncios de piojos, porque todos sabemos que luego en el colegio los niños a veces no entienden que es ficción. Jamás ha hecho nada de lo que pensáramos que no se iba a sentir orgullosa el día de mañana. Y de momento creo que hemos cumplido.

Otra línea roja han sido las horas de trabajo, las agencias o productoras responsables. He pecado más de madre chismosa y quejica a la hora de pedir en un rodaje que esté bien, con todas las comodidades, aunque eso signifique que no la vayan a volver a llamar más. Supongo que deben de ponerme la etiqueta de «mamá intensa», pero para mí es mamá responsable, jamás ha estado sola en un set de rodaje.

Leo fue una etapa muy distinta, podría resumir que mi Leo es una bonita primera maternidad. Si volviera a quedarme embarazada, repetiría, sí, pero si Leo se sintiera Leo, obviamente, porque sé que, si no hubiéramos escuchado y validado su malestar, hoy no estaría aquí, y lo digo porque hubo un tiempo en que quería morirse y volver a nacer.

Fue una etapa muy dura: de repente, había dejado de ser el niño alegre que era; de repente, ya no es todo tan fácil ni tan ideal. Aparecen los lloros, el malestar, las rabietas y el mal carácter. Y también las discusiones de pareja, porque realmente cuesta asimilar, pero, encima, lidias con dos padres que se han educado de forma distinta y que uno lo ve claro y el otro tiene dudas o al revés, porque las etapas van cambiando.

A Leo le pasaba algo, pero nadie sabía qué. Podía ser, como nos decían, que fuera demasiado maduro y que por eso se sentía mal dentro del grupo de sus iguales. Mientras algunos todavía se lo hacían todo encima, él ya hablaba y escribía porque le motivaba aprender mucho.

Hasta que un verano, en P5, empezó a preguntar si él era una niña. «Mamá, yo podría ser una niña. Si me muero y vuelvo a nacer o si me duermo, ¿me despertaré siendo una niña?», me repetía. Obviamente, en ese momento le dije: «A ver, si lo que te gusta es vestir como una niña, claro que puedes». Primer error de principiante: las niñas no se visten de ninguna manera. No hay una forma de ser niña. Pero en ese momento solo piensas que lo que le pasa es que le gustaría cambiar su aspecto, no piensas ni te puedes imaginar su dolor.

Fue muy doloroso ver cómo se desdibujaba todo, cómo se desmoronaba. Una vez más la vida me tenía preparado un reto muy grande: entender que lo que tú ves no es lo que tu hijo siente. Y que en realidad no tienes un hijo, sino una hija. Y llega ese momento en que por fin comprendes que tienes que aprender a dejar ir para recibir. Es, te lo aseguro, el momento más difícil de tu vida. La angustia y el dolor se te comen. Además, no sabes ni cómo explicarlo. Las primeras veces me decían: «Ah, no sabía que tenías dos hijos». Claro, la gente se confundía y más de una y de dos veces he asentido por no dar explicaciones. Asentir para seguir sobreviviendo y no enfrentarme de nuevo a la mirada. Y, además, no dar explicaciones delante de tu hija.

En nuestro caso nos tocó recibir a Cloe, que en el fondo es tu hijo, es y siempre lo será. Pero tienes que aprender a tratarla de otra manera y aprender que se llama Cloe, que existe, que estaba ahí, detrás de Leo, pero que no la habías visto. Cloe nació el verano de 2018, aunque al principio nos pidió que la llamáramos María.

CLOE

Desde que conocí a Cloe —tengo que separar a Cloe de Leo porque mi maternidad con Leo no tiene nada que ver con la maternidad que he vivido con Cloe— fui consciente de que la madre y mujer que dio a luz a Leo es otra, no yo. Por muchas razones, pero sobre todo porque literalmente he vaciado mi cabeza y mi todo para poder entender la diversidad y, en especial, para poder entender la identidad de género.

En mi cabeza de 2011 no existía —de verdad, reconozco que no—, ni en mi cabeza, digo, ni en mi mundo había personas trans. Solo había conocido a personas trans adultas y desde mi yo adulto, y únicamente a una mujer trans; de hecho, había tenido una compañera de trabajo que me dio una gran lección. Así que no, no conocía lo que era una infancia disidente de género, una infancia trans, una infancia no conforme: mi bebé no era lo que yo pensaba. No conocía nada, así que nuestra vida tuvo que crecer, aprender, conocer y, evidentemente, reconocer. Creo que es lo más difícil a lo que me he tenido que enfrentar, y no por no saber o no querer reconocer, sino por la pérdida que suponía.

El día que mi cabeza y mi cuerpo asumieron que mi hijo ya no estaba, no existía, y vi claramente a Cloe, ese día, como dirían muchos, fue el primer día del resto de mi vida. Parece un topicazo, pero así lo viví. Mi cabeza explotó, no sé ni cómo he sobrevivido a lo que es perder un hijo, dejarlo ir, y no de forma literal, porque no desaparece. No sé si me entiendes. Mi concepción de la muerte y la pérdida hasta la fecha era otra. La pérdida suponía la desaparición de forma literal en cuerpo y alma, pero ahora me enfrentaba a otro tipo de pérdida: pierdes una esencia, un ser o un hijo, para empezar a verlo de otro modo, a tratarlo de nuevo, a conocerlo de nuevo; entra en tu vida otra persona, pero con la misma esencia y el mismo cuerpo. Cada hijo es único, y su identidad va más allá de su aspecto. En este caso lo que pierdes es la identidad de tu hijo Leo para conocer a tu hija Cloe. Es un tipo de duelo distinto, no es por la pérdida de una vida, sino por la pérdida de la identidad de tu hijo, el que tú conocías, el que habías parido y amabas. Tu todo, hay que despedirse de tu todo.

No sé si voy a ser capaz de elegir bien las palabras para que entiendas lo que se siente, porque no es fácil de explicar. De golpe, un vacío extraño te acompaña cada día, porque a diario me pregunto cómo sería si no hubiéramos hecho esta transición, cómo habríamos sido como familia… es algo que te llevas ya para siempre. Un vacío para dejar entrar a otra persona que, además, ya estaba ahí aunque no te hubieras percatado, y ahí aparece la culpa. ¡Cómo es posible que no te hayas dado cuenta de que tu pequeña estaba ahí y no la habías sabido ver, que haya tenido que gritar y patalear para que seas consciente de su sufrimiento! No estaba atrapada en un cuerpo, estaba atrapada en una vida que no era la suya, en unas expectativas que no podía cumplir, en un entorno que no la veía como es.

Estoy escribiendo esto intentando ser lo más literal y exacta posible, porque no creo que haya palabras para describir bien todo lo que se siente. En cualquier caso, espero poder ayudar a muchas madres y padres que estén pasando por ese momento con tanta incertidumbre como nosotros, entre lágrimas, dolor, angustia, culpa, miedo, incluso rechazo. Aunque cueste admitirlo, se pasan momentos de rechazo y de angustia, no por no amar a esa nueva persona, qué va, no es eso: amas sin condiciones a un hijo o una hija, sin hacer preguntas; yo siempre lo digo, la persona que va a la cárcel a ver a un asesino es su madre. El amor es incondicional, aunque en este proceso también he aprendido que la consanguinidad no da el amor.

No he sufrido un duelo como el que sufrí con mi padre, ni lo compararé jamás con el duelo de perder a un hijo, es otra clase de pérdida. Pero sí es una despedida, como un renacer, no sé muy bien cómo expresarlo, solo las personas que lo han vivido lo entenderán. Es muy duro decir que pasas un duelo, pero es muy similar, y lo digo con conocimiento de causa.

Los psicólogos y profesionales que te acompañan te recomiendan hacer un ritual o algo que simbolice el adiós, enterrar algo de Leo para que tu mente y tu vida se reinicien. Que haya un día en el que le digas adiós de forma consciente. Y te puedo asegurar que ayuda.

Después de asumir la pérdida, llegó Cloe y mi nueva maternidad, marcada por el aprendizaje. Cuando me preparaba para el parto de Leo, fui a clases preparatorias; ahora me tocaba leer libros, muchos libros, ver muchos documentales, buscar incansablemente material con el que ayudar, entender cómo es el proceso, asistir a charlas, hablar con personas trans o profesionales. Buscar un entorno que te entienda. Buscar grupos de apoyo para padres de hijos trans es esencial y yo diría que necesario. Otras familias en la misma situación te ofrecen un espacio seguro para hablar, compartir experiencias y, sobre todo, un hombro en el que llorar.

Así que la primera etapa de la maternidad de Cloe me la pasé con miedo a cagarla, con miedo a no saber si estaba haciendo lo correcto. Porque sí, en todo este periplo, me he preguntado mil veces si era el camino correcto, si lo que estábamos haciendo era lo mejor para ella. De ahí que no sea nada bueno exponerse a la opinión de los demás y mucho menos escuchar cuando te preguntan, porque tú ya tienes todas esas dudas o más. Tú eres la única responsable del futuro de esa persona, así que los demás pueden chismorrear, criticar u opinar, pero quien va a estar para criar, acompañar y cuidar vas a ser tú. En mi caso he tenido la gran suerte de estar acompañada por Jorge, pero la historia está llena de ejemplos en los que los padres huyen.

Lo que más he echado de menos estos últimos años ha sido la mirada cómplice de otra madre (no trans) que me mirase a los ojos y notara que me entendía. O que incluso me escuchara sin juzgarme.

O que no me preguntara como si yo fuera el Google de la realidad trans. La soledad que he sentido en esta mi segunda maternidad ha sido determinante para definir quién soy hoy día.

He tenido que aprender a poner el foco y centrarme en lo realmente importante, en la felicidad de Cloe y su bienestar. Vivir su identidad me ha ayudado a cambiar la perspectiva de la vida. Aprender a celebrarla, celebrar sus logros y la valentía de ser ella misma ha sido imprescindible para forjar una relación basada en el amor y que ella sepa que la apoyo, que estoy con ella, pase lo que pase. He aprendido a no juzgar ni un sentimiento ni las cosas que me exponga. Validar emociones es uno de los mayores aprendizajes que me llevo y que no solo pongo en práctica como madre, sino también como amiga, como hija y como persona.

Otra de las cosas que me ha ayudado en este proceso es asumir, asumir y seguir. Es decir, cuando me preguntan cómo, yo solo digo, mirando a los ojos a Cloe y asumiendo que es Cloe, punto. No te juzgues y no juzgues.

Asumiendo que tiene que pasar, y que te ha pasado a ti porque vas a saber cómo hacerlo.

Y, por supuesto, sabiendo el padecimiento de tu personita, cuando ves el miedo y la angustia en sus ojos, y te repite mil veces si va a volver a nacer siendo mujer. Entonces entiendes que no es un capricho. No es un juego, puede que con cuatro años lo pensaras, pero te aseguro que con seis años ya no. No es un juego, dentro de ese cuerpecito una persona está sufriendo y sufriendo mucho. Si de algo estoy segura en la actualidad es de que, si no la hubiéramos acompañado, la habríamos perdido y de una manera mucho más dramática.

Me habría gustado tener una hija desde bebé y aprender a tratarla desde que nació porque si es algo innato, no tratas de la misma manera a una hija que a un hijo, por muy abierto de mente que seas y por mucho que creas que no criamos con estereotipos de género. Yo, que he vivido las dos maternidades en una, te puedo asegurar que tu cerebro sí está preparado para criar de una forma o de otra.

Todo empezó en verano, Jorge y yo ya habíamos medio investigado y hablado con muchas familias con hijos trans que nos aconsejaron ir a la Unidad de Identidad de Género que teníamos cerca de nuestra casa. Allí conocimos a Vicenta, un ser de luz, pero de verdad; ella sí pone luz a tu oscuridad, te explica todo con tanta claridad que sales de su consulta destrozada literalmente porque, de repente, te das un tortazo y lo ves con claridad. Existe la infancia trans, claro que existe y ha existido siempre. Nosotros fuimos dos veces a hablar con ella para explicarle lo que nos estaba pasando, nos queríamos cerciorar de todo antes de llevar a Cloe.

El primer día con ella es torturador y revelador al tiempo, no sabes cómo seguir, cómo continuar con la vida. Pero continúas, al día siguiente vas a trabajar, hablas con tu familia y no cuentas nada. Tienes miedo, esta nueva maternidad te ha llevado a otra dimensión, la del miedo, incluso miedo a tu hermana, a tu madre o a tu familia más directa. No estás preparada para dar explicaciones y mucho menos para las preguntas, las dudas de los demás. Si no puedes con las tuyas, ¡cómo vas a poder con las de los demás!

Esta nueva maternidad te ha traído, si cabe, aún más culpa y soledad. No puedes explicar qué te pasa, no sabes ni cómo contarlo, no sabes casi ni lo que está pasando, pero te está pasando. Y asumes que estás sola.

Nosotros llevábamos casi un año sabiendo que lo que le ocurría a Leo no era solo madurez, que no era diferente a sus iguales por dicha madurez, porque ya nos había expresado y preguntado muchas veces si ella era una niña. Pero hasta que llegó el «me quiero morir y volver a nacer niña» no lo vimos claro. Cada familia tiene un ritmo para adaptarse a la transición de un hijo. No hay un camino correcto o incorrecto, no hay un tiempo exacto, por eso, cuando me preguntan cuándo me di cuenta, siempre digo que es un proceso, no hay una fecha. Cada familia necesita un tiempo, y es el que la familia necesita sin más.

Pero, reitero, lo niegas hasta el infinito, tú misma quieres no creer porque tienes miedo. Necesitas tiempo para desprenderte de prejuicios o ideas preconcebidas sobre el género. Al final estás educada en el binarismo, no conoces nada más, y Cloe ha venido a abrirte cajitas y a enseñarte nuevas realidades. Así que deja de lado tus prejuicios y comienza a aprender que el género no es binario y que no solo existen hombre y mujer, como establece la biología. Aquí me miro con nostalgia, me miro y le diría tantas cosas a mi yo del pasado, sobre todo que no juzgue nunca más, juzgar está feo.

Todo esto es solo una parte del crecimiento personal al que te enfrentas y que te aseguro desde ya que agradecerás en un futuro. Es la base de todo y el apoyo que necesita tu hija.

Después de los encuentros que tuvimos Jorge y yo con Vicenta, llevamos a Cloe con mucho más miedo, porque no quieres que nadie le diga nada más, que no le den más ideas, como si hablarle y darle opciones fuera a cambiarle todavía más. Es algo tan complejo la identidad de género, que desde el primer momento piensas que el hecho de que le enseñes a tu pequeña que existen las personas trans, gais o no binarias, va a hacer que se convierta, pero nada más lejos de la realidad: las personas trans, gais, lesbianas, no binarias nacen. Nada les hará cambiar de opinión ni de ser. Es algo que les explico siempre a todos los padres que me escriben: si no estás seguro, deja que el tiempo pase porque este te dará la razón o lo pondrá todo en su sitio.

No hay nada más ni ninguna fórmula mágica para afrontar una infancia trans, nada más que dejar pasar el tiempo acompañándola y respetándola. Si te equivocas o si se equivoca, das marcha atrás y punto. No hay otra manera. Pero nunca se podrá recuperar el tiempo perdido, y si encima le añades algún trauma, algún contratiempo, alguna autolesión, incluso algún intento de suicidio, no habrá tiempo para reponer ni para poder reparar. Eso sí que no vuelve; en cambio, saber que tu familia ha estado ahí para ayudarte a seguir adelante de una forma u otra, eso no tiene precio.

Mejor arrepentirse de haber dado oportunidades y de haber dado herramientas que no habérselas dado, incluso mejor haberle dado una vida llena de oportunidades de ser quién es, aunque con todo el miedo del mundo, porque ser una persona trans no es fácil y, siendo sincera, yo no la habría parido trans. Y sí, si me preguntas, yo la habría parido con vulva. Sé que una vulva no me define, pero si el problema de la sociedad es tener o no unos genitales, pues egoístamente, para no sufrir ni pasar por lo que hemos pasado, ojalá hubiera nacido con vulva. Es una posición superegoísta, lo sé, pero es así. Eso sí, no le cambiaría ni un pelo y ni un rasgo de su personalidad, es única.

La maternidad de Cloe me ha traído un sentimiento de orgullo que no conocía de mí misma, pero también una forma de lucha y activismo que ignoraba tener. Todas las familias tienen derecho a sentir y a expresarse como lo necesiten. En nuestro caso, nos ha ayudado ayudar —valga la redundancia—, y eso lo hemos hecho dándonos a conocer y hablando, seguramente más por necesidad que por cualquier otra circunstancia. Tal vez hemos sido un poco egoístas, pero nos hemos hecho visibles por la necesidad que hemos experimentado de conocer a otras familias que estuvieran en la misma situación.

Cloe llegó a Vicenta, entró en la consulta siendo Leo y salió siendo Cloe. No me preguntes, pero nunca jamás se echó atrás, fue durísimo ver cómo realmente era tan sencillo para ella. A partir de ese día todo cambió, tuvimos que aprender a hablarle, a llamarle Cloe, y créeme, es realmente difícil no equivocarte. Llevas siete años con un hijo y ahora es Cloe.

El primer mes pasó sin más, Cloe iba conquistando espacios y haciendo cambios, *a priori* solo de aspecto, pero a cada paso que daba estaba más feliz, sonreía más. Recuerdo la segunda vez que fuimos a ver a Vicenta, íbamos en autobús y ella llevaba el pelo muy corto, pero se plantó un vestido y una diadema, y una señora le dijo: «Qué niña tan guapa», no se me olvidará jamás su cara de felicidad, pocas veces he vuelto a verle ese brillo en la cara.

Los siguientes meses me los pasé discutiendo conmigo misma, porque hasta entonces para mí la ropa no tenía género, pero en aquel momento tienes una niña y tienes miedo a que no la reconozcan, a que ella no se sienta como las demás. Así que tuve que lidiar con el miedo de saber si hacía lo correcto, para mí una chaqueta era una chaqueta, y bueno, su armario parecía un bazar.

No te creas nada, yo me creía muy moderna, pero no estaba preparada para criar sin estereotipos, no me habían enseñado, no lo conocía y no lo había visto. Hoy sí puedo decir que estoy preparada, pero cuando hablo con otras madres y expongo mi perspectiva y mis ideas te aseguro que me miran raro. Oigo hablar a la gente y decirme que ellos no creen en el género o que en su casa se educa igual a los dos géneros, y no me creo nada. Hacer que tu hijo limpie no es criar con las mismas oportunidades para la vida ni con las mismas expectativas, porque, para empezar, la sociedad no ofrece aún las mismas oportunidades a hombres y a mujeres. Estamos en ello, y como he dicho ya, según tu entorno habrá de todo, pero todavía no he conocido a una familia en la que se dé una igualdad real.

La crianza con Cloe ha estado llena de dudas y de retos. Uno de ellos ha sido ser la madre que Cloe necesitaba, sin peros. He tenido que tragarme todo lo que pensaba, todos mis prejuicios, y no es que yo sea una heroína o una valiente, ¡qué va!, es cuestión de supervivencia. Cloe necesitaba una madre, una referente, una amiga en muchos casos y una persona que la sujetara en todo momento. Y no digo lo de guiarla porque eso lo ha hecho ella conmigo; me río mucho cuando me dicen que las infancias trans las provocan los padres, que los obligamos o que los condicionamos. Sí os digo que si me dan a elegir no elijo esta vida.

Que sí, que me ha dado más de lo que me ha quitado, que sí, que estoy superorgullosa de la valentía de mi hija, si eso no lo dudo… Pero las vidas trans no son fáciles ni idílicas. Y si una mujer todavía tiene menos oportunidades en esta sociedad, cuando eres mujer trans das dos pasos atrás. Y eso es así, digan lo que digan.

Es posible que, con los años de aprendizaje que llevo, reflexione y vea que mi maternidad de ahora es casi perfecta, pero han tenido que pasar muchos años para que piense que no lo hemos hecho tan mal. Y he tenido que hacer mucha terapia para creer firmemente que lo que hemos hecho con Cloe y lo que la hemos ayudado merece la pena, y que si mi hija está viva, es gracias al apoyo que ha tenido. Y puede que sea feliz gracias a sus padres y al amor que le han profesado.

Pero esta maternidad no es nada justa, es de todo menos justa, pues sentir cada instante de su vida y de tu vida que la gente no entiende lo que es tu hija es muy duro. Tener que explicar algo tan básico como su existencia, cuando menos es raro. Explicar qué es Cloe. Porque también he visto dos formas de juzgarte, una cuando era más pequeña, que te miraban con pena o con cara de pepita, pero, bueno, era una niña pequeña que para ellos solo jugaba con su identidad y hasta ahí te aguantan. Pero la percepción cambia cuando la cosa se pone seria, y digo «seria» porque al principio solo se trata de una transición social, una gran transición, sobre todo familiar. Pero cuando empiezas a hablar de derechos, leyes, DNI, hormonas, pubertad... ahí la gente, la familia, los amigos te miran con cara de «esta señora está loca», «¿cómo va a dejar esta familia que su hija se hormone?» o «¿cómo va a ponerse delante de un juez a ratificar la identidad de su hija? ¡Si solo tiene doce años!». Eso ya son palabras mayores, y pienso que muchas familias no están preparadas para soportar tantos cambios ni para asumir la responsabilidad que conlleva firmar y ser responsable de todos los pasos que necesita dar tu hija para ser feliz, para llegar a entender que es una necesidad, que solo hay un camino, una opción, y que esa opción no la vas a elegir tú. Dejar ser es más que dejar que se hormone o que se llame como se llame. Dejar ir con todo el amor del mundo es afrontar que su vida no es tuya, y tú solo estás aquí como tutor legal para intentar que su vida sea lo más fácil posible, pero sabiendo que ninguna de las decisiones que vas a respaldar ni ninguno de los papeles que vas a firmar, ninguno, los has dispuesto tú, lo vas a hacer por amor a tu hija, por y para su bienestar.

Sabiendo que tú no tomas las decisiones, solo hay un camino. Y hasta que no pasen los años no vas a saber si es el correcto. En tu cabeza no lo sabrás, aunque tu corazón sí lo sabe, y los ojos de tu hija no te engañarán. Si algo he aprendido es que ella es la que nos guía, ella es la que manda en su proceso, ella es la que nos enseña qué camino necesita tomar. Sin ninguna duda sé que esta maternidad no es mía, sino suya.

Por todo esto, esta maternidad me ha dejado y me está dejando nueva, renovada y vacía. Me ha dejado llena de nuevas perspectivas y vacía de todo prejuicio. Me ha llenado de colores la vida. Y sin romantizar ninguno de todos los procesos de miedo por los que he pasado en los últimos años, diré que Cloe ha sido y es una niña madura, inquieta, segura de sí misma, valiente. Y en todo momento ha sido consciente de la suerte que tiene, porque ha vivido el rechazo que han tenido otros padres hacia otras infancias y sabe bien que no ha sido su caso.

Todo lo que somos como familia se lo debemos a ella. Sin ella, nuestra vida sería otra, sin duda, y me habría perdido cosas como saber que puedo ser incluso mejor madre de lo que pensé en un primer momento. Ahora hago balance y me veo con mucha capacidad de amar de verdad, con mucha capacidad de respetar de verdad, no de boquilla, y sin duda he aprendido a no juzgar. Y todo esto, insisto, se lo debo a mi hija Cloe, así que, si estás en un proceso como el que yo he vivido, solo me queda decirte que ahora no lo ves, pero después de unos años de terapia y mucho esfuerzo, entenderás que solo hay un camino, solo existe una opción, y tú, estoy segura, eres la mejor madre, padre o familia que tiene tu hijo o hija.

FAMILIA

Cada día me enfrento a preguntas sobre cómo se tomaron la noticia nuestras familias, cómo se enteraron de que teníamos una hija en lugar de un hijo, cómo se lo dijimos. La verdad es que la respuesta es fácil: no se trata de su vida, no deberían opinar, pero dicho eso, no los he visto en mi casa lidiando con los lloros, la rabia y, sobre todo, no los he visto muy preocupados por cómo estamos. Ni Cloe ni nosotros.

Hubo un tiempo en que me angustiaba lo que opinaban, porque, claro, son familia y a la familia hay que darle explicaciones. Pues la familia es familia, sí, pero no determina para nada tu vida; si no está de verdad presente en tu vida ni cumple una función de familia, no le debes ninguna explicación.

Antes de seguir, me gustaría matizar qué es la familia y qué considero yo importante en una familia porque seguramente mi concepto familiar es bien distinto al de muchas personas. Evidentemente mi idea ha ido cambiando a lo largo de mi vida: con dieciocho años pensaba y creía que lo que venía por parte de tu familia había que respetarlo. Hoy no, hoy conforman mi familia mi hija y Jorge. Tengo cero apego emocional a los miembros de mi familia, a causa de los desengaños y de las penurias emocionales que me han hecho pasar.

Con el tiempo, he ido sabiendo y aprendiendo cuál es mi sitio y cuándo no aparecer en alguna reunión para que no me produzca ansiedad, para evitar la decepción de comprobar que las personas que considero importantes tienen malos gestos, malas palabras... o simplemente para no darme cuenta de que las había idealizado.

Algo muy común en muchas familias es aguantar porque hay que aguantar a la familia. Y no, amiga, no tenemos que aguantar nada de nadie y menos de alguien que se presupone que nos quiere bien.

A mí me costó muchísimo hablar con mis familiares. Muchos de ellos han ido desapareciendo de mi vida sin más, porque no les ha interesado lo más mínimo lo que nos estaba pasando o, a lo mejor, no les parecía bien nada de lo que nos estaba pasando y directamente se han esfumado sin más. Otra lección que me llevo: cuando alguien desaparece de tu vida y de tu día a día es porque simplemente no debía estar.

En cambio, hay alguien en mi vida, mi madre, que ha sido todo lo contrario; a ella se lo dije enseguida, fue la primera. En agosto, creo recordar, fui a su casa y les conté a ella y su pareja que mi hijo era una niña. Se lo conté e inmediatamente hicieron muchas preguntas, pero luego se callaron y me dejaron llorar y estar. Y eso es lo único que necesitas en momentos en los que ni tú misma sabes lo que estás sintiendo: que nadie te cuestione, que nadie te pregunte, simplemente que esté a tu lado y te ponga un hombro. Es suficiente, es algo que he aprendido a dar yo también, un hombro o una oreja para escuchar.

Fue durísimo, mi madre adoraba a su nieto, un nieto precioso que solo le daba alegrías. Como yo, seguramente también sufrió la pérdida, pero hoy es la yaya más orgullosa de su nieta, y creo que es a la que menos le ha costado asumirlo. Aunque me imagino que para ella ha sido difícil entender todo el proceso —seguramente hoy día tampoco sabe mucho—, está presente. Y ha supuesto una agradable sorpresa, porque mi madre siempre ha sido mi madre, pero la relación con ella no ha sido fácil. Hubo un tiempo en que no nos entendíamos, en que incluso no nos llevábamos bien porque yo no comprendía, como ya he mencionado en otras páginas, que no estuviera, que dedicara más tiempo a ella y a su pareja que a sus hijas. Yo necesitaba una madre de otra forma, una madre presente, que escuchara, que estuviera. Una madre más tradicional o quizá una madre como las que yo había conocido de mis amigas.

Lo que yo no sabía es que una madre también es una mujer y una persona, un ser independiente que tiene necesidades, y que hay que entender sus maternidades, sus necesidades, y eso significa que no tenía por qué dejar todo por mí. Ser mi madre no significa que tenía que ser la madre que yo quería, ella ha sido mujer antes que madre durante mucho tiempo y debo respetarlo, fue su decisión en ese momento y su forma de entender la maternidad. No he dudado ni un segundo de que nos ha querido sin condiciones, que ha sentido por nosotras un amor incondicional, pero su vida tampoco ha sido fácil y ha tenido que aprender a quererse y a seguir su camino. Eso, por otro lado, es una lección enorme para sus hijas, una forma de vivir que me ha hecho ser lo que soy.

No la entendía hasta que me convertí en madre por segunda vez. Entonces supe que no tenía que ser como yo quería, porque mi madre es mi madre y es una persona independiente, que no debe comportarse ni actuar como yo quiera. Ella no había sido lo que todos esperaban, y una persona que se ha hecho a sí misma después de pasar muchas calamidades entiende bien por lo que yo he pasado. La adversidad nos ha unido, curiosamente es la única que me entiende la mayoría de las veces y, cuando no, me respeta. Y para mí eso es un espacio seguro, y su casa es mi casa, pero también la de Jorge y la de Cloe.

Recuerdo perfectamente el día que fui a comer a su casa. Ese día decidí coger un escrito que tienen en la Asociación por las Infancias Transgénero que explica partiendo de la biología lo que es la transexualidad. Al hablar de una forma médica, las personas de tu alrededor entienden que es una condición irreversible, que es así y punto… En el momento que se lo explicas así, no lo ven como una enfermedad, sino como una condición humana innata que no se puede cambiar. Es decir, ser trans se nace, no se hace.

En mi caso cuando les leí el escrito a mi madre y a su pareja se quedaron más tranquilos. Les pedí, por favor, que la llamaran Cloe cuando la vieran de nuevo, y ahí quedó la conversación. De todas las explicaciones que he tenido que dar, ha sido la más fácil, porque no han vuelto a preguntar mucho más, algo que agradeces porque durante el proceso, como ya he dicho, ni tú misma estás preparada para las preguntas porque no sabes las respuestas; además, en ese momento, esas respuestas hacen mucho más daño que las preguntas porque ni tú misma casi te las crees.

Y aunque la pareja de mi madre *a priori* pareciera un troglodita o un carca en estos aspectos, es el que más me ha sorprendido de todos. No se ha confundido ni una vez y ha respetado absolutamente siempre todas nuestras decisiones. No me ha demostrado no entenderlo, ni siquiera me ha hecho muchas preguntas. Y ha sabido aprender junto a mi madre a ver la nueva realidad y saber estar sin preguntar. Y ha aprendido mucho, la verdad; asimismo, es el que con más orgulloso dice «mi nieta», sin ser su nieta de sangre, pero sí de vida, porque es la única pareja que mi hija ha conocido de su yaya. Por eso digo que la familia a veces no viene de tu sangre.

Puede que en su intimidad hayan discutido sobre el tema, pero el caso es que a mí no me lo han transmitido, y créeme que me ha dado paz. Incluso mi madre, una mujer de setenta y un años ahora, que es más mayor y de otra época, ha sabido estar, e incluso diría que mi hija ha hecho que nos entendamos mejor.

La maternidad ya me había unido a mi madre en algunos aspectos, pero cuando nació Cloe quizá mucho más; creo que nos ha visto muy vulnerables. También ella ha madurado y, bueno, nunca es tarde para nada. Nunca es tarde para entender la vida.

Esta es la clave del respeto. Tú puedes tener mil preguntas y dudas sobre el proceso de mi hija, pero ni soy tu Google ni tampoco soy de piedra para que me puedas lanzar comentarios sin que me afecten. No lo sé todo, ni mucho menos estoy preparada para darte todas las respuestas que necesitas escuchar, porque en muchos casos las preguntas que recibes vienen con una respuesta implícita que el otro necesita escuchar, y tú no quieres o no estás preparada para dar. Un ejemplo muy claro: si ves por la calle a alguien cuyo pelo no te gusta, no vas y se lo dices a la cara, te lo guardas por respeto y, luego, si quieres, lo comentas en privado con tu pareja o amigos. Si no lo haces así, te invito a copiar mi modelo y a aprender a no lastimar a nadie.

En definitiva, he agradecido infinito que no me hicieran partícipes de sus dudas. Y estoy segura de que las tenían. Pero a nosotros nos han acompañado y respetado en todo.

Así se han comportado mi madre y su pareja, pero las familias están conformadas por muchos núcleos. La de Jorge ha sido otro mundo, porque ya de por sí les cuesta mucho hablar de sentimientos, de sus problemas, etcétera. Sus padres son bastante mayores y con unos valores mucho más tradicionales, y sus referentes son otros. Y no digamos los referentes trans que podían tener, ni uno sano y ni uno que pudiéramos comparar.

Por eso, comunicarles la situación de Cloe fue muy complicado. No creo que se enteraran de mucho en la primera conversación. Incluso Cloe ha tenido que tener mucha paciencia. Su abuelo no la llamaba por su nombre, no quería, se negaba. Fue doloroso, tuvimos que estar unos meses casi sin verlos para que ella no sintiera que sus abuelos paternos, a los que adora, no la respetaban, porque no dudo de que la quieren con locura. Fue complicado. No aceptaban que Cloe era Cloe, y tuvimos que vivir situaciones difíciles de gestionar. Sin embargo, como ya he dicho, un padre y una madre no siempre tienen que estar a la altura de tus expectativas, y mucho menos entender todo lo que te pasa.

De esta parte de la familia me he tenido que enfrentar a preguntas; una para mí muy desafortunada fue si la iba a llamar Jimena —era el nombre que elegí cuando estaba embarazada y todavía no sabía el género—. He sentido que me responsabilizaban de que hubiera nacido Cloe. Y no lo he llevado bien, me cuesta creerme que me quieren cuando no veo ningún gesto por su parte que me valide como madre, como mujer y persona; siempre percibo un cierto rechazo, como si lo que hemos hecho, lo que hemos conseguido, nunca fuera suficiente.

Pero ya te he dicho que no saben gestionar bien sus emociones, por lo que intento pensar que no saben cómo dirigirse a mí. Y muchas veces me salto la línea roja porque sé que a Jorge le duele. A él esta situación le pasa factura, le cuesta también en muchas ocasiones gestionarse y expresarse con claridad. No le ayuda no haber recibido una educación abierta, abierta a expresarse; creo que jamás habrá llorado delante de su madre o de su hermana. Y Jorge es una persona maravillosa, que ha aprendido a ser mejor con los años. No se puede cambiar a una persona, pero sí podemos ir entendiendo la vida lo suficiente para saber cómo no debemos actuar. Y él ha sabido aprender y estar en todo momento; por eso también los dos hemos aprendido en nuestra pareja a no tirar la toalla, a luchar por nuestra vida y a vivirla como mejor sabemos.

Estuvimos bastantes meses hablando con mis suegros, especialmente Jorge. Yo en este caso me aparté, creo que cada uno tenía que decírselo a su familia, aun así cargué con más conversaciones de las que me hubiera gustado porque era fácil escuchar que yo había influido a Cloe, que era lo que yo quería.

Mucha gente tiende a pensar que los hijos copian a sus madres; es una opinión injusta y supermachista, pero es así. Nadie piensa mal del padre, siempre la manipuladora es la madre. Como te puedes imaginar, he llevado muy mal estos comentarios, me ha costado muchísimo desprenderme de esa etiqueta y de la culpa. Y solamente me la he quitado yo, porque estoy segura de que habrá mucha gente que todavía me la sigue poniendo. Pero al menos sí he aprendido a no escucharlos y a que no me afecte lo que piensen.

Al final, como en todo, el tiempo ha puesto las cosas en su sitio y puedo afirmar que los abuelos, si no lo entienden, por lo menos lo respetan, y a Cloe la tratan como lo que es, una niña. La han querido mucho y ella se llevará lo que queríamos como familia, unos abuelos que la adoran y que han estado presentes.

Respecto al resto de la familia, la familia satélite, no considero que me haga mucha falta porque no ha estado cuando lo he necesitado. Sé que suena raro o egoísta, pero así lo vivo. Es verdad que hubo un tiempo en el que me sentía muy cerca de mi tía y de mis primos. Pero esta experiencia ha sido reveladora porque ha resultado que ni eran tan cercanos ni tan necesarios, y no por nada sino porque la vida misma y las circunstancias han hecho que desaparezcan, y si han desaparecido por algo será. Ni me duele ni me quita el sueño y, sin más, están y son, pero no pertenecen a mi mundo porque, como ya he afirmado, mi familia es mi madre, mi hija y mi pareja.

Cuando lo conté al resto de la familia, se produjo un vacío, aunque es cierto que les pedí prudencia con las preguntas porque obviamente no estaba preparada. Pero, aun así, han sido tibios y muy fríos a la vez. Se han retirado, no sin antes hacerme ver que quien se ha retirado he sido yo. No han estado a la altura, no han hecho ni siquiera el amago de preguntar cómo nos va o como está el proceso. Y yo, quizá para priorizar mi bienestar, he preferido que no me pregunten y casi que no me hablen. Están ahí, forman parte de mi familia, pero no mantenemos un vínculo lo suficientemente estrecho como para querer estar cerca de ellos.

Y no pasa nada, y cuando digo que no pasa nada es que he conseguido que este tema no me perturbe lo más mínimo. Hay que saber dónde está tu sitio y qué es lo que necesitas para estar bien. Y si tu familia, por muy familia que sea, no te hace bien, no pasa nada por dar un paso atrás.

Las relaciones personales son muy complejas y uno tiene que estar presente donde le respetan y le entienden. El estar por estar con alguien no favorece nada, todo lo contrario. No sé si se entiende, yo a mi familia la quiero mucho, pero no forma parte de mi día a día.

También hay familias que son capaces de figurar y mantenerse unidas sin respetarse de verdad, cruzando las líneas rojas. Y eso no es amor de familia. Las familias tienen que ser otra cosa. Por eso cuestiono tanto los modelos de familia. Ayudar, pero luego quejarte por ayudar no debería ser tan normal.

Quizá haces más tribu para criar a tus hijos con amigas o vecinos que con quien te une la consanguinidad. Y tampoco pasa nada, uno se construye su vida como quiere y necesita.

Estoy en paz, ya no le doy vueltas ni me preocupa. Para mí los dichos se han hecho por fin realidad y ya puedo decir que me ocupo y no me preocupo. Siempre he sido una persona muy preocupada por el futuro, anticipándome a todo, y he aprendido que no es nada sano.

Por fin he dado con la fórmula: no castigarme, no exigirme y no anticiparme. Y, por supuesto, no forzar ninguna relación.

También he aprendido a no callarme nada; así, si creo que se ha producido un malentendido con alguien, le llamo y pregunto sin rodeos... qué necesidad hay de perder el tiempo especulando. Si has hecho algo mal, lo remedias o pides perdón, y si crees que es a ti a quien no han tratado bien, más de lo mismo, reclamas con educación. Llegar a este punto no es fácil, y conocerte bien y saber cuál es tu necesidad tampoco.

También te digo que muchas veces nos cuesta saber cómo somos porque tenemos miedo a enfrentarnos a nosotros mismos. Mi consejo es que abras ese melón y, una vez abierto, le quitas todo lo que no te gusta. Ya verás cómo después pocas cosas te dañan o te hacen perder el tiempo. Te ocupas de ser feliz y de estar donde tienes que estar.

Las familias están cambiando, yo misma desde mi modelo familiar, que es de lo más cisheteronormativo del mundo: mujer y hombre, blancos, se casan y tienen una hija. Es todo tan común y aburrido... Cloe llegó y lo cambió todo. Ahora, desde mi modelo familiar, analizo muchísimo cómo deberíamos evolucionar como sociedad. En mi mundo ideal las familias no se hacen daño, las familias se respetan. Y las familias son familias que se entienden, que hablan. Pero en este mundo todavía nos falta mucho para entender que nadie es propiedad de nadie. Que la vida va de otra cosa, que lo de pasar pantallas está bien, pero que es mucho mejor si las pasas en un entorno que te acompaña, sin cuestionar nada, solo haciendo la vida más fácil.

Nosotros fuimos el modelo perfecto de familia ideal, con un niño de revista al que todos quieren en su familia y del que todos alardean en reuniones de amigos. Y pasamos a ser esa familia que tenía una hija trans, de la que nadie presume. Ya no eres el orgullo porque simplemente ya no entras en los parámetros de lo que es normal para ellos. Y pasas a ser el orgullo para ti, sin importarte qué dirán, porque te das cuenta de que lo que opinen los demás dice mucho más de ellos que de ti.

Así que, cuando me preguntan cómo se lo tomaron la familia (satélite), supongo que debería decir mal, pero en cambio digo que no lo sé ni me importa. No me importa y es bueno que no me haga daño. Mi familia, mi equipo estamos bien, somos lo que necesitamos, nos lo tomamos todo muy bien y sabemos cuidarnos.

En este punto me gustaría hablar también de cómo te construyes como familia, tu pareja, tu equipo, ese que te acompaña cada día. Mi equipo es Jorge y Cloe. Y haciendo balance de los veinte años que llevamos como pareja y de vida en común con Jorge, miro hacia atrás y es la mejor pareja que pude elegir.

Nos conocimos cuando yo tenía diecinueve años y Jorge veintitrés. Primero no nos caímos bien hasta que acabamos siendo amigos. Haber sido amigos durante tanto tiempo ha hecho que la vida en pareja haya sido un poco más fácil. Hemos vivido momentos de infinitas resacas en pijama, sin duchar, juntos durante días; muchos momentos antes de ser pareja que ya nos daban muchas pistas de cómo podía ser la convivencia. En el día a día se discute por muchas cosas, y además por cosas tan pequeñas y tan poco importantes que hay que estar muy sereno y con poca carga tóxica como pareja para que cuando lleguen los problemas de verdad, los serios, no estés reprochando tonterías. Durante todo este proceso hemos sabido priorizar y nosotros no hemos estado en primer lugar. Eso no quiere decir que no nos queramos, es más, creo que nuestro mayor acto de amor es haber sabido esperar a que el tiempo ponga las cosas en orden y podamos entonces volver a mirarnos.

Como he comentado anteriormente, el amor no es siempre romántico, a veces el amor por tu mitad se manifiesta de otra forma, y la vida es demasiado larga para estar perdido en romanticismos. A veces hay que ser prácticos y priorizar el bienestar familiar. No está mal, no está mal que hagas piña con tus seres queridos para salir adelante.

En mi caso, no teníamos tiempo para nosotros dos, solo había tiempo para llorar y sacar adelante a Cloe, solo había tiempo para papeleos, colegios, profesores… para niños que le hacían daño o para hacerle caso a Cloe porque se autolesionaba. Cuando tu hija se pierde haciéndose daño, no hay tiempo para pensar si tu relación de pareja es romántica. Sabes que la persona que tienes al lado, con la que luchas cada día, es la correcta y simplemente sigues.

No nos han faltado las ganas, muchas ganas, de tirar la toalla y pedir el divorcio. Pero, sinceramente, no es la solución, por lo menos no la nuestra porque, como ya he dicho en otras ocasiones, cada uno se busca sus herramientas, cada uno busca la fórmula para ser feliz, y la felicidad no es solo vivir eternamente en una película romántica. Por fortuna, es mucho más, como saber estar en el mismo espacio vital juntos, saber estar en silencio, cada uno en su mundo, respetando ese silencio, el momento y el espacio de cada uno.

De esto nos sentimos muy orgullosos y estamos muy muy de acuerdo. Cloe está siempre con nosotros, y en ese tiempo de calidad que nos damos juntos en la misma sala, pero en silencio, es donde se demuestra que formamos un gran equipo, que no necesitamos nada ni a nadie más. La definición de mi familia es esa: somos el espacio seguro para el otro sin necesidad de hacer nada más. Nos basta con permanecer juntos y tranquilos. Nuestro momento semanal es la tarde-noche de los viernes, cada uno en su lugar favorito, con una copa de vino, cerveza o Sprite —Sprite, Cloe, huelga decirlo—, nuestro particular aperitivo, haciendo lo que más le gusta, estando juntos sin más.

Para mí esto es hogar y esto es familia, saber estar juntos sin grandes expectativas. Habrá quien necesite más, y mi más sincero respeto, pero para mí mi equipo es perfecto como está y como es. Creo que hemos sabido darle a Cloe lo que necesitaba en cada momento. Y es feliz con los padres que le han tocado, unos padres que se han cuidado y que se han sabido amar para que ella viva en un hogar feliz y estable.

MI TRANSICIÓN

Llegados a este punto, me gustaría preguntarte: ¿has vivido una transición? La que sea, puede que tu transición sea otra, por trabajo, por entorno...

Podría hablar mucho sobre la transición de Cloe, cómo ha descubierto su propia identidad y cómo lo ha vivido ella, pero me parece injusto hablar de sus propios sentimientos. Eso lo debe hacer ella el día que quiera explicar su propia experiencia. Sin embargo, tengo que reconocer que su transición me ha servido a mí para conocerme, para saber quién soy y vivir mi propia transición.

Mi transición ha sido por ella y gracias a ella. Que ella descubriera su identidad ha hecho que yo descubra la mía propia. Que yo me descubra como persona, como mujer y como madre ha sido gracias a Cloe. La maternidad es un rol ligado muchas veces a la identidad femenina. La gente, cuando piensa y visualiza la maternidad, habla de una mujer o de una mujer con vagina, una mujer con útero, una mujer completa. Descubrí tarde que también hay padres trans que gestan. Y esto hizo que me hiciera preguntas, que me cuestionara la vida y, sobre todo, que me cuestionara profundamente quién era realmente yo.

¿Qué es una mujer?, ¿qué le da valor a un ser humano? Me he preguntado muchísimo si nos identificamos solo por unos genitales, además de cuestionarme si soy una mujer. Sí, como lo oyes, me he cuestionado como mujer también, como madre y como persona. Y es que cuando apareció en mi vida la identidad de género, mi cabeza explotó, literalmente. Jamás me había planteado quién era yo ni qué significaba la identidad de género. A mí nadie me había cuestionado como niña, como mujer… a mí nadie me preguntaba si me sentía bien; bueno, es algo que viene ya de serie, nadie en nuestra generación nos preguntó nunca cómo nos sentíamos. Nadie me ha preguntado nunca si me siento mujer o si estoy de acuerdo con la vida que me ha tocado vivir. Es algo que no me planteé hasta que apareció Cloe, hasta que se incorporaron a mi vocabulario y a mi vida palabras como: «no normativo», «disidente», «identidad», «mujer cis» (ya sabes, mujer que se identifica con el género asignado al nacer)…

Una transición es un proceso de cambio casi siempre, es una etapa desafiante en la vida, que puede ser traumática o puede convertirse en un momento de crecimiento personal. En mi caso han sido las dos cosas: traumática porque al descubrir quién eres puede ser que no te guste lo que ves, pero a la vez ha resultado increíblemente enriquecedora para mí, para mi crecimiento personal, he madurado mucho en todos los sentidos.

Hablar de mi transición es hablar de cómo me ha cambiado la vida, cómo me han cambiado las circunstancias y cómo he llegado a deconstruirme como persona. Una transición significa literalmente vivir en tus propias carnes el cambio. Suele ser larga, requiere mucho esfuerzo y mucho apoyo.

Si tuviera que definirme como era antes, me definiría como una mujer sin más, una mujer muy cualificada, muy preparada, pero con poca experiencia. Si soy totalmente sincera me definiría incluso como un poco tránsfoba, porque me recuerdo con muchos prejuicios. Es muy difícil reconocerse en los errores, cómo hemos sido, y es complicado reconocer que no te gustas nada y tienes que cambiar. Saber reconocerse en tu peor versión y saber que has transicionado para ser mejor y entender mejor cómo funciona la vida es un viaje, un tránsito muy doloroso y difícil. Un proceso doloroso y que animo a todo el mundo a que lo viva o, al menos, lo intente.

Reconocer que vivías llena de estereotipos, llena de prejuicios e incluso que cometías algunos errores que ahora mismo no le perdonarías a nadie es dar un paso enorme para seguir adelante. En mi caso así ha sido, he dado pasos enormes de los que me siento muy orgullosa. La Carolina de 2010 era muy resolutiva, vivía para trabajar, pero no sabía lo que era vivir para vivir. Si hay algo que me define ahora es que quiero vivir en paz, que necesito la paz y que he aprendido a vivir sin complicarme la vida.

Es un reto también aprender a no complicarte, a no exigirte más de lo que eres capaz. Fluir, y si un día no eres capaz de llegar a todo o no llegas a nada, no te castigues, no sientas culpa. Nos han inculcado la culpa como modelo de aprendizaje, pero no eres ni una *superwoman* ni una máquina; ser productiva está bien, pero no siempre se puede. Tampoco siempre eres la madre perfecta, no siempre te apetece arreglarte, ni peinarte, ni conversar; conozco a muchas mujeres que se castigan si un día procrastinan; a ellas me dirijo para decirles que hay que aceptar que habrá días flojos y en otros, en cambio, estarás a tope.

Y no pasa nada. Vive en calma, en paz contigo, y quiérete más, quiérete en los momentos en que no haces nada o cuando no te sientes bien y estás en una cama a oscuras, o en el sofá, mientras los platos se acumulan o las tareas laborales esperan.

¿Qué es lo que he aprendido en estos años con la transición de Cloe y la mía? He aprendido a tener más fuerza mental y emocional, eso que todos llaman «educación emocional», tan valiosa y tan poco practicada en los colegios. He aprendido a saber mantener la calma en los peores momentos, a ser resolutiva. No sé cómo lo he conseguido, pero ya no pierdo los nervios ni los papeles en ninguna situación. Supongo que me han ayudado muchísimo las situaciones de estrés que he vivido, las innumerables veces que me he enfrentado a la burocracia, a las instituciones y a los *haters*. He tenido que aguantar los nervios y la rabia por el bien de Cloe, porque sabes que si los pierdes te juzgarán todavía peor; así, he aprendido a mantener la calma y entender que saber callar a tiempo, en situaciones difíciles, es la mejor opción.

Antes de todo este proceso yo solo miraba, pero no veía. Miraba la vida, pero no profundizaba. Es muy fácil juzgar sin profundizar, desde el desconocimiento. Si hay una frase que me gusta es «la ignorancia es atrevida», porque cuando no sabes es muy fácil opinar. Solo los ignorantes opinan sin que se les haya preguntado.

En todo este tiempo he experimentado todas las emociones más feas y más duras que existen: la rabia, el miedo, la incertidumbre, el odio, la depresión... Sí, la depresión. Me diagnosticaron trastorno adaptativo. Según un psiquiatra, mi tristeza, mi falta de ganas se debía a que no me adaptaba a mi nueva hija, aceptaba la situación, pero no me adaptaba. Me ha costado una vida reconocer y expresar en voz alta que lo que me habían diagnosticado era eso. Obviamente no era capaz de asumir la palabra «adaptación», pero con los años, y después de haber asentado mis emociones, creo que sí, que estaba en un proceso adaptativo y que me estaba costando.

Simplemente soy humana, y asumir que pierdes a un hijo y que tienes una nueva vida, con una hija, es mucho más que un cambio de género. Ella que, además, necesita todo tu apoyo, toda tu energía y toda tu vida para que la acompañes, para que luches por ella, porque no tiene edad para ser quien alce la voz; no tiene edad para ir sola a un registro o a un juzgado, y tienes que ser tú la que afronte situaciones incómodas, duras y lejos de toda naturaleza. Tienes que ser tú la que dé la cara por su vida, por su normalidad, la que luches para que la vean, la que luches para que todos la respeten.

Es un proceso que tiene que pasar. Y que me produjo rabia, miedo y culpa por no saber si sería capaz de asumirlo, si sería capaz de hacerlo bien. Recordemos que me percibía a mí misma un poco tránsfoba en aquellos años. Y lo digo sin miedo, porque es un primer paso para cambiar: tenía miedo, sí, miedo no de no querer a mi hija; es algo irracional porque sé que quiero a mi hija y daría la vida por ella. Eso está claro, pero el miedo a tener que enfrentarte a situaciones que no has pedido, que no has decidido, te causa un pánico inexplicable.

De esos lodos viene esta calma. Cuando tocas fondo, cuando tu cabeza piensa en no seguir para no cagarla, para no ver y sufrir más, resulta que pasan los años y ves los frutos de lo que has podido hacer, de lo que has conseguido. Cuando hablas y explicas, cuando la vida te regala momentos en familia en los que, por fin, ves que todo ha ido bien. Entonces tu cabeza sana y la transición va a mejor.

Es difícil reconocer que no, no estás orgullosa siempre ni eres valiente todo el tiempo. La valentía no se mide por lo que logras, sino por lo que afrontas y haces teniendo miedo. Por eso me llaman valiente. Y no, no me cuesta reconocer que soy valiente y que lo he sido. Ya no siento más el síndrome de la impostora, ya no me escondo. De la misma manera que no me cuesta y no me costó reconocer que no me gustaba lo que veía de mí antes, no me cuesta ahora reconocer mi valentía y hablarme bien, quererme. Es cierto que al principio tenía la necesidad de ser la más activista, de hacerme visible porque pensaba que era lo mejor. Tenía una infancia disidente y sentía que debía luchar por ella. Sin duda una opción muy valiente: hacerte visible en un mundo de ciegos significa ponerte en el foco, en el centro de una diana donde te llegan todos los dardos/palos. Eso sí que fue una decisión meditada, pero que creo que ha ayudado tanto a tantas familias que todos los dardos/palos que me he llevado han merecido la pena.

Hubo unos años, al principio de la transición de Cloe, que perdí el norte y la cabeza. En mi vida solo cabía el activismo, el ser visible, la lucha, que todo el mundo viera y apoyara la infancia trans. Pero también he aprendido la lección: no puedes imponer a nadie que acepte o que apoye o que reconozca a tu hija. No hay nadie incondicional, no se le puede exigir a nadie que te quiera, y menos que te apoye sin reservas. Donde tienes que forzar no es ahí. Y se nota de lejos dónde no encajas y dónde no te quieren. Dar un paso atrás es de lo mejor que he aprendido estos años. Por eso he dejado de pedir que me apoyen para pasar a ser yo la que haga todo lo posible para ayudar, sin esperar nada de nadie.

Vivir una infancia trans es, sin duda, lo peor que te puede pasar, y a la vez lo mejor. ¿Por qué?, pues porque es igual que cualquier maternidad complicada, por enfermedad, por capacidades... Sabes que es una lucha continua, ser madre o padre ya lo es, es un desafío. Pero si, además, añades complicaciones y falta de recursos, se convierte en una maternidad antinatural. Te enfrentas a situaciones que no son naturales. Como yo, muchas personas no sabían o no conocen la infancia trans y, por tanto, la rechazan sin más. Mi yo anterior me ha hecho tener más empatía incluso con algún *hater*. He entendido por qué tenía que explicar o por qué teníamos que ser visibles. La típica frase de «de lo que no se habla no existe» o «lo que no se ve no existe» es muy cierta: si cometes un crimen y no hay cadáver, la mayoría de las veces no hay crimen. Pues en el activismo ocurre lo mismo: o visibilizas o no existes. Por eso reconozco que, en algún momento, me volví intransigente y muy pesada. Teníamos que ser visibles para normalizar, para ser, para poder gritar lo que nos estaba pasando.

En la visibilidad y el activismo de estos años también he encontrado a otra familia, la familia que nos une por nuestros hijos, he conocido madres y padres y familias increíbles, con diferentes capacidades y diferentes problemas, y todos, al final, sentimos y educamos en los mismos valores: no juzgar, respetar y ser diversos.

En esta transición me he acompañado a mí misma para poder acompañar. Hoy ya puedo hablarme en positivo y me quiero como madre y la culpa poco a poco va desapareciendo.

Una transición es remover, remover todas las heridas y todas las emociones, aunque duela, para poder sanarlas. He hecho muchas veces terapia a lo largo de mi vida, y lo de sanar me sonaba a pura palabrería barata. Pues sí, sanar es una realidad, saber sanar es lo mejor que te puede pasar. Ahora bien, es lo más complicado, porque descubres partes de ti misma que no conocías y has de aprender a abrazarlas.

En mi caso todos estos años de transición han servido para saber que soy una mujer de casi cincuenta años con una supervida vivida, sí, lo digo bien alto, ¡todo lo que he vivido ha sido la leche! y ha servido para mucho, estoy en un punto de mi vida en el que todo me resbala y he conseguido hablarme con cariño. No se me caen los anillos al decirlo bien alto, intento no sonar prepotente, porque no lo soy, pero sí que he conseguido mejorar mi autoestima; aún me queda mucho para alcanzarla plenamente, pero sé que estoy en el camino. Intento ser sincera conmigo y hablarme bien. Y lo más importante, sé que puedo salir del agujero.

En mi última crisis, hace solo unos meses, durante el proceso judicial de Cloe por el cambio de género en su documentación, caí y caí con todas. La ansiedad, la rabia y el dolor volvieron a aparecer, volvían a ser parte de mi día, junto con la culpa. Hubo días muy negros, pero supe pedir ayuda, supe llamar, volver a terapia y sacar todo lo que tenía dentro.

Pedir ayuda forma parte del proceso de sanar. Pedir ayuda, saber que la necesitas y no sentirte mal porque no das más de ti o porque no eres productiva, y simplemente dejarte llevar. Admitir que estás mal y quedarte en ese lado para poder llegar al otro. Para poder vivir en la luz, tienes que vivir un tiempo en oscuridad y así aprecias bien lo que es la luminosidad, el brillo, que no es más que verte a ti misma y ver luz donde pensabas que no la había.

Esto sí que suena romántico escribiéndolo así, pero tampoco tiene nada de romántico, es tan doloroso como un duelo o más.

No evitar o no esconder las emociones es guay, es valioso. No esconderte cuando estás mal o triste es lo mejor que he aprendido y no pasa nada, porque ser vulnerable no es síntoma de cobardía, ni de no ser valiente. En mi caso, mi vulnerabilidad me ha permitido reconocer mi espacio seguro. He aprendido a ver quién me hace bien y quién no. Permitirte ser vulnerable ante alguien sin miedo a que te juzgue, poder decir en casa que estás mal, que no sabes por qué y que necesitas tu espacio. Que te lo den es donde reside el amor. Esto lo he aplicado con Cloe y conmigo misma, dado que mi familia debe saber más que nadie cuándo tengo un mal día y abrazarlo; solo de esta forma puede entenderme, acompañarme.

Es importantísimo sentirte en un entorno seguro y construir tu familia con mucha comunicación. Desde que mi hija era bebé, siempre he hecho el mismo ejercicio: hablarle y contarle todo; si un día había tenido el peor día de mi vida en el trabajo y ella solo tenía meses, mientras la acunaba o la abrazaba, se lo contaba porque me servía para sanar mi culpa de mala madre trabajadora. Más adelante, cuando ya me ha entendido, me ha escuchado y ha visto cómo me sentía.

Gracias a esta relación, ella no tiene miedo a contarme si se siente mal, aunque no sepa por qué; me lo cuenta porque sabe que yo la entiendo, ya que he pasado por lo mismo. También le he podido verbalizar lo que ella estaba viviendo, sabía por lo que estaba pasando, y asegurarle que sus sentimientos son válidos y que los conozco. Esa misma terapia la he pedido para mí, y saber comunicarlo a mi entorno ha sido la clave, así como dejar de culpabilizarme por estar mal. Durante muchos años he sido la peor enferma, nunca me quejaba o, por lo menos, no quería ser yo la nota discordante. Ahora ya no, nunca más: si estoy mal, estoy mal y abrazo ese día. Mañana será otro y he conseguido muchas cosas yo sola. Así que soy válida para estar mal un día y al día siguiente darlo todo.

Al día siguiente, cuídate y mímate. Busca lo que te hace feliz, ya sea una buena comida, música, un rato sola... busca lo que te hace y te sirve para ser feliz o simplemente estar tranquila. Es tan importante el autocuidado como la medicina. Y que tu entorno sepa lo que te hace sentir bien. A mí, por ejemplo, me hace sentir bien que me dejen tranquila en mi sofá con mis cascos y mis películas o mi música, con mi copa de vino. Es lo que hace Jorge cuando me ve rara, dejarme sola y prepararme una copa de vino o un buen aperitivo. Eso es amor, chica, que te dejen ser.

Nadie de tu entorno debería cuestionarte nada de lo que haces o dices o cómo te sientes, pero mucho menos tu pareja, esa que has elegido tú. Esa pareja de vida debe y tiene que procurar hacer lo mejor para los dos. Al final se trata del bienestar familiar, y eso es cosa de todos.

Cuando yo estaba mal pensaba que no, que mi pareja o mi entorno no eran seguros, que no me daban lo que yo necesitaba, pero he entendido que no era así. No sé si encontraría otra pareja con mejores dotes para la comunicación, más guapo o con más pelo, pero creo que no podía estar en mejor lugar.

Estoy divagando mucho sobre este tema, sobre cómo es mi familia, cómo es mi relación de pareja, si es o no perfecta... Muchos me han dicho que desde fuera parece idílica. Y no creo sinceramente que lo sea, idílica no. Nos enfadamos, nos gritamos incluso, pero nunca nos hemos faltado al respeto. Y cuando digo la familia incluyo a Cloe. Los primeros años de la transición de mi hija, Jorge y yo nos hemos hablado fatal, hemos discutido, hemos estado perdidos porque las circunstancias nos desbordaban. Hemos actuado de la mejor manera posible, intentando salvar los días. Y pasados los años creo que, como mínimo, somos una familia unida y que se quiere. Y una pareja que rema en la misma dirección.

Todo esto me ha llevado a lugares escondidos de mí. Por un lado, siento que me he conformado con la situación y que, por pereza, no he buscado nada más; otras veces, en cambio, siento que he sido muy valiente al afrontarlo, abrazar y olvidar algunos deslices emocionales de Jorge para seguir juntos, en familia. No sé si mi falta de referentes familiares hace que priorice el bienestar de Cloe y, por tanto, de los tres, antes que buscar de nuevo una pareja que quizá podría hacerme momentáneamente feliz, pero de la que me resultaría difícil enamorarme. Al final, todo este proceso se resume así: mi entorno me gusta lo suficiente como para no cambiarlo.

Hace unos meses, odiaba a Jorge y ahora lo miro y lo veo con mejores ojos. ¿Qué me ha pasado? Que he sanado y que he visto que el amor va más allá. Durante este proceso tan doloroso de transición personal, me he preguntado muchas veces: «¿He tenido mi espacio?», «¿Me han respetado?», «¿Me han ayudado?», «¿Me han cuidado?». Y, sobre todo, «¿Me han juzgado?». Todas las respuestas me llevan a la misma conclusión: estoy donde he elegido estar, donde he querido seguir.

No es perfecta nuestra relación, pero es la que hemos construido, y ahora no me apetece para nada no intentar sanar también esta relación que está, no lo niego, un poco perdida, pero que no está muerta. Soy muy cabezona y no creo que tirar la toalla me hiciera más feliz. Yo ahora me veo envejeciendo en esta familia. Esta visión que hemos tenido mil veces Jorge y yo, hemos fantaseado con estar juntos en una autocaravana en ruta, los dos viejecitos, por eso sé que es mi lugar, nos vemos juntos y eso me hace feliz.

Ha llegado mi momento de estar en paz y aquí sigo, siendo yo misma. Y los que están a mi alrededor me aceptan como soy, sin juzgarme. Y, bueno, ponerle de vez en cuando algo de romanticismo a tu vida, que ya de por sí es un asco, es difícil, porque, no nos engañemos, todas las vidas, todas las casas y todos los seres humanos sobrellevamos y afrontamos situaciones difíciles. Así que poner un poco de romanticismo a la mierda que nos pasa tampoco va mal.

Esta ha sido mi metamorfosis, mi transición, mi gran cambio. El aprendizaje que me llevo: conocerme a mí misma mejor, para entender y conocer mejor a Jorge, por ejemplo. Saber cómo soy para comprender mejor y no odiar ni menospreciar nada. Acompañarme a mí, en mi rabia, en mi odio, y saber que eso no conduce a ningún sitio. Me ofrecieron mil veces escribir sobre la transición de mi hija, y no he querido en ningún caso porque sentía que escribir desde el rencor y la rabia no iba a llevar a nada bueno. La rabia y los miles de situaciones terribles que hemos tenido que vivir no son dignas de ser contadas así. Es mucho más valioso este momento vital en el que nos encontramos, donde todavía no está todo el camino recorrido, pero sí estamos es un momento vital de reconstruir lo destruido, de recoger los pedacitos de nuestros corazones rotos por la incomprensión de amigos, familiares, entorno, escuelas, profesores... Es momento de recoger y ponernos a construir un futuro, con la tarea hecha y aprendida.

Mi ahora no será el tuyo porque, si todo va bien, cuando me leas ya estaré en otro momento vital, que espero que siga siendo bueno, con una progresión favorable. Pero mi ahora es un momento en el que mi cabeza solo piensa en el futuro, se está despidiendo de lo negativo, para dejar entrar cosas buenas.

Creo firmemente en el poder de atracción. Para mí, la teoría de atraer la felicidad no es un mito. Si proyectas, recibes. Si sonríes, te sonríen. Pruébalo y verás. He sanado mucho estos últimos meses, haciendo terapia, hablando mucho, llorando otro tanto. Y estoy preparada para un cambio de chip. Te recomiendo que, cuando estés en un momento de oscuridad, te permitas estar un rato en negro, pero utiliza técnicas de disociación para no seguir en la oscuridad. Así, por ejemplo, cuando vengan pensamientos negativos, intenta distraer la mente centrándola en una parte de tu cuerpo, porque lo de pensar en un lugar feliz cuando estás en la oscuridad es imposible, no funciona. En cambio, si te centras en un dedo del pie, dejarás de pensar en negro. Y en ese momento entra la luz.

Recuerda que el futuro no solo es tuyo; en tu caso, si tienes un hijo o hija, también ese futuro es suyo. Tú eres su sustento, no lo olvides, tú no eres la mejor madre o padre del planeta, pero sí eres la mejor madre y padre del planeta para tu hijo. Eso no significa que pierdas tu identidad, pero recuerda que eres lo más importante para otras personas, incluso para tu pareja, aunque a veces, en momentos de crisis, lo dudes.

Recuerda que, si tú tienes un problema, tu transición depende solo de ti; si, por el contrario, el problema es externo —una pareja, un trabajo, un lugar…— siempre lo puedes cambiar. Pero solo tú tienes el poder de cambiar el entorno, la pareja o las amistades. Así que, como ves, todo reside en ti. Nada depende del azar, nada es culpa de los otros y nunca nadie te hace nada a ti, te lo haces a ti misma. Cambiar esta visión de las circunstancias y de la realidad hace que tomes las riendas de tu vida. Solo tú tienes la solución.

Mi transición ha sido dolorosa, mucho, pero muy positiva; con veinte años todo me parecía una mierda, pero no hacía nada por cambiarlo. Yo creía que sí, pero no era así. En este momento puedo asegurar que he completado la pantalla y pasamos a la final, la etapa que espero que sea la mejor.

INSTAGRAM

Tengo que reconocer que si estás leyendo estas páginas seguramente es porque un día, inconscientemente, abrí mi vida y mi corazón en una red social. Me conociste como la madre de Cloe y, por fortuna para mí, salió esta faceta mía, la de comunicar.

Antes de que naciera Cloe, mi Instagram era de fotografía, algo que a mí me apasionaba y me apasiona —probablemente la de fotógrafa sea mi profesión frustrada—. Por aquel entonces yo jugaba con las cámaras Lomo, y esta red venía con los filtros para hacer las fotos como si fueran fotos analógicas. Así que me hice una cuenta sin más.

Si yo llego a saber que Instagram se convertiría en lo que ha sido te prometo que, con lo emprendedora que yo era en ese momento de mi vida, habría intentado ser una *influencer* y no una activista, como me llaman algunos. Me gustaba el arte, lo conceptual, las luces…, pero no supe ver que podía hacer de ello una profesión, una lástima.

En cualquier caso, la red me ha dado mucho, porque me ha permitido contar con una red de apoyo enorme, que me ha ayudado con muchos temas a lo largo del proceso de Cloe: papeles, protocolos, conocer a otras familias en la misma situación… Parece mentira que muchas veces, cuando comparto una gran noticia, me llegan mensajes de miles de personas desconocidas que se alegran; pero, sin embargo, no me entra un wasap de un familiar cercano, que obviamente se ha enterado, pero no es capaz de escribirte nada. Es lo peor de todo, ese vacío que siento a veces.

Unas líneas más arriba he afirmado que abrí inconscientemente mi corazón, porque, aunque fue una decisión meditada, no teníamos ni idea de adónde nos iba a llevar. Es una relación de amor-odio; el balance es positivo, pero también tiene que ver con el momento vital. Hace unos años no lo era. De hecho, he pensado mil veces en cerrar la cuenta y no seguir hablando de nada personal.

¿Qué ha ocurrido en todo este tiempo? Voy a intentar contártelo, para que si tú tienes una cuenta en una red social no hagas lo mismo.

En 2011 abro mi cuenta, tengo a Cloe, todo va genial, comparto cosas, pero la verdad es que pocas, pues siempre me causó pudor y, a un tiempo, no me creía suficiente interesante como para compartir mis historias. Podría haber monetizado más y rentabilizado más, porque, a pesar de lo que piensan muchos, en nuestro caso por imbéciles, generosos o inconscientes, no hemos cobrado casi nunca, y digo casi nunca porque alguna vez me han ofrecido publicidad, pero nunca me he sentido cómoda y no ha funcionado nada bien. Siempre he priorizado mis valores y no he querido cruzar ninguna línea roja.

Así que, si me preguntas, te diría que no seas idiota. Si lo que tú tienes es una cuenta personal de la que no sacas rendimiento y, además, no ayuda a nadie, te aconsejaría desde el cariño que la cierres. O, al menos, no enseñes mucho. No dejes que entren demasiado en tu vida, no dejes que sepan demasiado como para hacerte daño.

En nuestro caso, todo empezó tímidamente con una cuenta personal que derivó en una cuenta donde por circunstancias colgaba los trabajos publicitarios de Cloe de bebé, de pequeña, hasta que llegó un día que alcanzamos los diez mil seguidores. Todo empezó porque la reconocieron en unos catálogos de moda y me iban escribiendo... total que así, inconscientemente, subía fotos de Cloe de modelo, etcétera, hasta que al final se convirtió en una cuenta de ella. Ten en cuenta que, en 2015, 2016 y hasta 2018 —año del cambio—, las redes eran mucho más inocentes que ahora y solo servían para alimentar el ego de algunos pocos y, en nuestro caso, para mostrar el orgullo que sentíamos por nuestra hija.

En efecto, todo transcurría en esos términos: yo subía cada dos o tres días alguna foto bonita de Cloe y para de contar. Cuando haces trabajos de publicidad, muchas agencias piden el perfil de redes, supongo que para ver más contenido. Y, bueno, pues por ahí íbamos cuando estalló la gran bomba que hizo saltar todo por los aires.

Estábamos inmersos en esa etapa, Cloe hacía de modelo y todo iba bien, nos divertíamos mucho, la acompañábamos en todo, y la verdad es que estábamos tranquilos. Pero todo comenzó a cambiar cuando Cloe empezó a despertar. Y, claro, ya había mucha gente que nos conocía. Así que cuando Cloe hizo el cambio, mi primera idea fue no publicar y dejar la cuenta. Pero a Cloe le encantaba, formaba parte de su realidad y para ella era algo normal. Así que no le dijimos nada, pero ella, cuando veía que yo estaba en la red, me preguntaba: «Mamá, ¿cuándo vas a poner mi nombre?». Claro, no se llamaba Cloe en las redes, no la había ni siquiera nombrado. No sabía cómo encarar esta situación.

Fue una decisión de todos en casa muy meditada, pero con cero estrategia, y digo cero porque tendría que haber pensado más cómo gestionarlo. También es cierto que me ayudó vivir en una ciudad pequeña y no tener que repetirlo en cada sitio al que iba.

Al principio le cambié el nombre a Cloe, y seguía poniendo el mismo contenido, pero se me ocurrió contar la historia porque vimos que no se hablaba de estas cosas, que había un vacío y decidimos abrirnos. Leo ya no era Leo porque se llamaba Cloe. Y fue una verdadera bomba.

Llegados a este punto, fue muy bueno para que nadie me preguntara por la calle ni nadie dijera nada, porque muchos se enteraron por las redes y, cuando la veían, ya directamente la llamaban Cloe. Pero otros se han servido de la información para hacer daño; por eso mismo te recomiendo no contar demasiado, lo necesario para ayudar, pero sin dar detalles que puedan ser utilizados en tu contra.

Yo seguí en la misma dinámica, la cuenta era de Cloe, pero lo que yo no sabía es que IG no tolera las infancias trans, así que, durante el primer año, me bloquearon seis veces la cuenta, hasta que demostré que la gestionaba yo. No obstante, no fue suficiente porque el mensaje era mi responsabilidad, etcétera, etcétera, etcétera. No voy a entrar en las políticas de una red porque todos sabemos lo injustas que son las cosas. Hoy día creo que, cada vez que soy un poco más visible, ocurre algo que me hace desaparecer.

Quiero puntualizar una cosa: no me importan lo más mínimo los números ni las estadísticas; el contenido que subimos día a día está marcado por los acontecimientos familiares, por nuestra cotidianidad, no subo nada que no sea real. Por lo que si una publicación no se ve me la trae al pairo, no me importa ni lo más mínimo. Como no me paga nadie por ese contenido no me debo a nadie, solo a mí misma y a mi familia. Lo que se ve en nuestra red social ha sido fruto de la evolución y de nuestro proceso de transición también, lo que se ve es solo un reflejo de lo que hacemos.

Para ser totalmente honesta, lo único que monetizamos, a cambio de experiencias, son las escapadas familiares, algo totalmente necesario y que es lo que más nos gusta hacer. Pero como ya he dicho, creo que podría sacar mucho más exponiendo más, pero no quiero porque ahora sí conozco el peligro de las redes sociales. Eso no quita que para nosotros las redes hayan sido un refugio, por lo que nos hemos negado a que nadie nos diga lo que no tenemos que publicar. Es mi casa y cuento lo que yo quiero, además siempre con buen tono, sin entrar en polémicas. Nunca he contestado mal a un *hater*.

Puntualizo esto porque para nosotros al final se ha convertido en parte de nuestro día a día y de nuestra vida, y lo ponemos en valor. Y también tenemos en gran consideración a la gente que confía en nosotros y nos siguen. Porque saben que lo que se ve no es el producto de una agencia, sino el fruto de una familia. Si algún día publicito algo es porque me gusta o lo necesito.

Existe un mundo muy peligroso en las redes, mucho odio, mucha gente que no se atreve a decirte las cosas a la cara pero que, detrás de una pantalla, se envalentona. Yo lo resumo fácil: las personas que se dedican a acosarte es porque necesitan afecto, cariño, una familia que los quiera, una madre que los apoye, una madre que los abrace. Y lo que ven en nosotros no es más que amor de familia. De una forma o de otra, pero nos mostramos reales, y eso molesta mucho.

La noticia de Cloe en la red causó mucho revuelo, fue algo inesperado. Ten en cuenta que corría el año 2018 y por aquel entonces nadie en la red hablaba de personas trans, y mucho menos de infancias trans. De ahí la necesidad de hacernos visibles, de hablar del tema, aunque fue un error hacerlo desde la voz de Cloe.

Reconozco que me equivoqué y lo dejo aquí escrito para que quede constancia. Creo que se habría entendido mucho mejor si hubiera hablado desde mi voz, desde mi perspectiva de madre. Pero una vez más yo no quería hablar de su vida y apropiarme de su historia, ni siquiera ahora es lo que pretendo. Por eso lo que estoy haciendo es contar nuestra experiencia familiar o la mía como madre. Cierto que algunas veces ella me pide explicar algo y lo hago. Sí que es cierto que yo quería darle importancia a ella, darle voz; mi objetivo ha sido que Cloe fuera visible, no nosotros, pero las circunstancias hacen que cambien cosas.

No queríamos ser los protagonistas de su historia, no queríamos ser nosotros los que contáramos nada desde nuestra perspectiva, pero, claro, no contábamos con que la red se iba a hacer tan grande. Al final se volvió en nuestra contra o, mejor dicho, en mi contra, porque este mundo es aún tan sumamente machista que la mayoría achacaba la exposición de Cloe a que yo quería y quiero ser famosa. Ya te he reiterado mil veces que me gusta la soledad, que estoy mejor sola; de hecho, me paso los días escribiendo en mi cueva en compañía de Totó, y superfeliz.

Pero, bueno, es un pensamiento muy extendido, y no consumiré mis energías en desmentirlo. La vida y el tiempo ponen las cosas en su lugar. Si hubiera querido sacar algo de todo esto, te aseguro que he tenido muchas oportunidades para informar de muchas más intimidades de Cloe. Puede parecer que te contamos nuestra vida en las redes, pero jamás verás nada personal de verdad, como ver a Cloe sufrir, llorar, ni en el médico. Todo lo publicado, tuviera Cloe la edad que tuviese, ha sido con su beneplácito. Ella ha visto cada publicación, y una cosa que tengo muy presente es que todo lo que escribo en la actualidad, que todo lo que pueda leer en un futuro, sea bueno o de algún modo positivo, que nunca jamás se pueda avergonzar de nada de lo que se vea en internet. Ya sea una publicación o una publicidad, nunca hemos dejado que haga nada de lo que se pueda arrepentir de mayor. Y ese es un consejo que doy a niñas o a mayores que tienen redes y a mi hija, por supuesto: cuidado con lo que publicas, con lo que pones en redes e incluyo WhatsApp. Debes colgar todo aquello que te atreverías a mostrar o a decir cara a cara; con lo que no te atrevas, mejor te lo guardas.

La cuenta de IG solo me ha traído cosas buenas, he creado una red de amigas y familias trans que cada día se alegran por todo, que te preguntan cómo estás, que saben por lo que has pasado, que cuando tienes una duda, llamas y allí están para ayudar.

Abriendo nuestro corazón hemos sido un referente para muchos. Inconscientes de serlo, porque todavía no me explico cómo, pero hay miles de familias que se ven reflejados día a día. Nosotros hemos ayudado a salir del armario a muchas niñas y niños, hemos ayudado a poner palabras donde no las había. He ayudado a hacer tantos TFG de final de carrera que ya ni me acuerdo. He concedido entrevistas gratuitas mil veces y sé que han llegado a mucha gente. Todo esto es lo que me llevaré y lo que me llevo, cosas maravillosas.

Pero también me han ayudado infinitamente con mi maternidad. Cuando recibes mensajes como «Deberían quitarte a tu hija», «Eres una mala madre», «Deberían encerrarte en un psiquiátrico», cuando hasta te desean la muerte por el daño que le estás causando a tu hija, cuando recibes un mensaje así, aunque solo sea uno al día, se tuerce todo. Te hace sentir que eres lo peor del mundo, y si a esto le sumas una baja autoestima por el momento que estás atravesando, ni tú misma sabes cómo levantarte y dudas de todo. Pero también es verdad que he aprendido a poner esos mensajes en contexto, entender por qué me lo dicen y ver que me han permitido pensar y reflexionar más.

Cuando te acecha la inseguridad, saber que hay personas que te acompañan en el camino, que no estás sola, que cada vez que expresas algo de malestar están ahí para darte ánimos, es impagable.

En los tiempos en los que cada día se hablaba de la ley trans y las personas trans estaban en boca de todos, se empezó a debatir, sobre todo en medios, el papel de la mujer trans. Y en ese momento esta que escribe se convirtió en la madre asesina de España, algo que he querido denunciar muchas veces; sin embargo, la justicia todavía no ha obrado en mi favor, y eso que la huella digital ahí está. Si vas a la red X leerás toda la estela de hilos sobre una madre por poderes horrible, que hormona y tiene síndrome de Münchhausen y que pretende asumir el papel de la hija enferma para recibir ella la consideración de los demás. Hilos sobre una madre que maltrata a su hija.

No te voy a negar que estas acusaciones me han atormentado mucho, hasta el punto de pedir, rogar y mendigar a otras cuentas muy potentes y muy queridas LGTBIQ que me ayudaran. Obviamente estas otras cuentas sí veían que las redes eran una buena fuente de ingresos. Así que, en muchas ocasiones, se me negó la ayuda e incluso se me amenazó por mensaje o se me insultó: «Pídeles ayuda a las actrices de la Veneno», me increpó una persona en su día. Otra me pedía que no fuera pesada, que se sabía toda la vida de mi hija y que no le importaba nada. En fin, lo que ya he dicho muchas veces: no puedes suplicar que te quieran, y una retirada a tiempo es una victoria. Es más, hoy casi creo que mejor ir sola y no depender de nada ni de nadie, y menos que tu solvencia económica sea a costa de.

El 90 por ciento de las cuentas que veis y seguís no son reales, solo velan por sus números. Y si un tema es conflictivo no se van a posicionar, por lo menos aquí en España, porque desde el otro lado del charco, desde Argentina, me ha llegado el apoyo de muchísimas personas influyentes, actores, músicos, artistas, sobre todo, que se han posicionado y han hablado de infancias trans.

El problema siempre ha sido la edad de Cloe y, por supuesto, el hecho de que detrás de la cuenta estuviera yo, una persona que prefiere decir las cosas a la cara y no se calla. Así que me han colgado hace muchos años la etiqueta de manipuladora. Sin problema, si a algunos les hace feliz, por mí todo bien. Como he dicho, solo lo que opina mi familia es lo que ahora me llega y me importa. Todo lo demás no.

No te voy a negar que hubo un tiempo en que me obsesioné con el activismo, me radicalicé mucho en redes. Era lo que se tenía que hacer y lo que hicimos. Porque si hay algo que me gusta recalcar es que en esta red no estoy sola, siempre somos un pack; si no, me habría ido a muchos viajes con mamis *influs* yo sola, y nunca lo he hecho porque no es mi papel, yo no soy la protagonista de la historia de nadie.

Sí es cierto que ahora estoy intentando mostrarme más, porque como el foco de discusión siempre soy yo, la madre, pues nada, nos daremos a conocer a ver si así dejan de llamarme «asesina».

Confieso que estoy un poco harta de justificar mi maternidad en redes, pero seguiré hasta que quede claro, hasta que no le quede a nadie ninguna duda de que solo he intentado hacerlo lo mejor posible, tanto en la maternidad como en el uso de las redes. Y, por supuesto, quiero seguir en ellas. Algo que me hace muy feliz y que me han dado las redes es esta maravillosa oportunidad de contar mi verdad y mi historia.

Estos últimos años me han llegado propuestas para que escribiera, propuestas tan bizarras como que me enviaban una grabadora, yo contaba mi historia y otros me la escribían. Otros me han ofrecido cursos o charlas para ayudarme a escribir; luego otras editoriales me lo han pedido directamente, pero no era ni el momento ni mi momento. Sin duda eran unas propuestas que me lo ponían todo muy fácil, pero nada apetitosas para mí, una persona con un gran síndrome del impostor recurrente. ¿Te imaginas yo presentando este libro sin haber escrito ni una palabra? Puede que estuviera mejor escrito, no lo niego, pero no me sentiría nada orgullosa del esfuerzo, la pasión y las horas que le he dedicado. Y no podría hablar de él con el amor y con el orgullo con el que cuento que este proyecto me ha ayudado como persona, ha llegado a mi vida en un momento perfecto. Una aries a la que no le cuesta nada empezar proyectos, pero un mundo acabarlos, ¡¡¡ha terminado un libro!!!

Y todo esto ha sido gracias a las redes. En cada una de las publicaciones que he subido alguien me decía que le encantaba o que qué bonito era lo que hacíamos. Con eso me quedo, con que las redes y sobre todo Instagram me han dado algo que hacer. Sí, algo que hacer y pensar porque, al estar a veces tan volcada en comunicar al mundo que la infancia trans existe, me he olvidado de situaciones horribles por las que he pasado. Y querer comunicar las cosas bonitas que nos ocurrían día a día también ha hecho que me centre en lo positivo y no le diera más vueltas a lo negativo.

Cloe sigue adelante, la familia está unida, una familia donde solo cabe el amor y solo el amor nos hace sobrevivir.

No he querido nunca mostrar los días en que Cloe se quería morir, en que íbamos a Urgencias porque necesitábamos ayuda. Las redes no vinieron a hacernos peores personas ni a hacer que juzguemos una vida sin más solo por una foto o un vídeo. Las redes no van de eso. Y si yo muestro una circunstancia, sé que me expongo a las opiniones de los demás. Por eso intento evitar las reacciones desproporcionadas, para que no me causen daño. La reacción no siempre gusta, pero por lo menos tiene que ser respetuosa.

Así que ¡larga vida a la red mama_de_cloe!, porque sin duda en ella he encontrado refugio en mi cotidianidad y a otra gran familia.

ADIÓS

Decir adiós significa también decir hola a lo que viene. Decir adiós al pasado y a la persona que he sido, decir adiós va a ser soltar todo lo malo que no me beneficia y que no me va a hacer bien a partir de ahora, despegarme de todo lo dañino. Olvidar el resentimiento, la rabia y dejar ir la culpa.

En este momento creo que puedo. ¿Cómo lo voy a hacer? No lo sé, pero sí sé lo que no quiero. Estoy en una posición emocionalmente mucho mejor, yo diría que privilegiada: lo bueno que saco de todo lo malo sufrido es mi estabilidad. Cuando tengo que tomar una decisión, cuando tengo que dar una respuesta, valoro todos los escenarios, cuál es el más adecuado, y he conseguido bajar un poco la intensidad de mi respuesta y la impulsividad. Parece mentira que yo diga que, antes de responder o decir que no a algo, lo pienso un rato. ¡Si me pinchan, no sangro!

He sido toda la vida o me he definido como creativa, como diseñadora gráfica, y sé que se me da bien, soy una persona inquieta, apasionada. Se me da bien emprender, soy una persona muy resolutiva. Pero he descubierto que no es lo que mejor se me da ni lo único que sé hacer. Y eso me ha llevado a querer hacer más. Por eso es momento de decir adiós a esa persona, a la que la gente ve. Y también decir adiós a la persona que he sido durante todo este tiempo, porque he sido una mujer muy insegura, una niña encerrada, una madre con culpa. Y una mujer que se ha mostrado transparente ante cualquier situación.

Si me miro y miro atrás, recuerdo y me reconozco como una mujer dependiente de las opiniones de los demás. O muy pendiente de las personas y, quizá, a veces pendiente porque necesitaba tener un espacio, un grupo, un hueco. La falta de aceptación del universo. Pero no me gusta: si de algo tengo que dar ejemplo y me tengo que desprender es de ese síndrome de dependencia y de estar siempre mendigando cariño, trabajo, una oportunidad, la palabra a la hora de hablar. Seguramente por culpa de la soledad que viví durante mi infancia, en algunos entornos me veo y me recuerdo siendo siempre yo la que busca, la que cuida, la que da el paso, incluso la que pone la nota de humor para quitarle hierro o incluso para llamar la atención.

Y si algo he aprendido en estos años es que soy válida, soy una mujer capaz, y ya está bien. No quiero sonar prepotente, pero sí quiero desprenderme de mi yo inseguro; basta de pedir permiso para ser, estar o tener lo que te mereces. No está mal, no está mal mirarte a los ojos y decirte lo bien que lo has hecho o lo bien que lo vas a hacer. Quererse a una misma no es prepotencia, la autoestima va de eso, no de ser más que nadie, sino de ser tú misma.

Quien es feliz con lo que hace y con lo que es no necesita la aprobación de nadie, ni proclamar a los cuatro vientos lo bien que le va. Cuando te encuentras a alguien que está bien, se nota, y lo notarás porque no te lo dirá.

Esta nueva era es la de desprenderme de la culpa, de la sombra de lo que no soy y reconocerme como una supermujer, como debería ser. Y como deberíamos vernos la mayoría de las veces las personas y, sin ninguna duda, las mujeres de este planeta. Suena superfeminista, puede ser que lo sea, si ser feminista es esto, dar valor a lo que tiene valor.

Soy una feminista de las de antaño, no de las que se denominan «feministas» ahora, que parece que las mujeres solo somos de un tipo. Solo somos mujeres las que parimos y las que tenemos vagina, y otra vez insisto que nadie es mejor ni más que nadie. Porque sí, porque no está feo ni está mal mostrarse segura de una misma.

Grita bien alto lo que no te gusta para reclamar tu sitio. A mí desde luego no me va a volver a pasar que alguien me ningunee o que me cuestione. En mi entorno he tenido que justificar cada paso que he dado.

He sido autónoma y una profesional creativa durante muchísimos años, he trabajado durante más de diez años para empresas y Administraciones y he visto cómo mis referentes familiares, mi entorno contrataba a otros profesionales y les pagaba un montón de dinero por su trabajo, y a mí, incluso ofreciendo mi trabajo gratis, no me contrataban, mi trabajo no era válido. De que lo hacía bien, estoy segura, muy segura de que sí, pero me he dado cuenta de que, aunque sea capaz de hacer muy bien algo, tal vez aquello no era para mí.

He tenido que demostrar casi con cuarenta años y aun ahora, con una hija adolescente, criada y educada, que soy capaz de mucho, de ser madre incluso. He tenido que justificar que soy buena madre en mi entorno más cercano, que tomo las decisiones con conocimiento, con responsabilidad. Demostrar que no eres una niña como te ven todos es lo más difícil que he tenido que hacer. Todo por mi culpa, porque no he sabido poner límites. Si quieres que te vean y te traten como a una persona adulta, quiérete y compórtate como tal.

Sabes cuándo, por tu humor, por tu aspecto o por tu forma de contar las cosas, la gente no te toma en serio, hasta el punto de que notas cómo te miran con condescendencia, como cuando miras a una niña indefensa. Estoy harta de tener que demostrar mi validez. Pero creo que el error es mío, y si me han mirado con condescendencia es porque yo les he dejado.

Esta es una de las mejores lecciones de mi vida y quiero que Cloe se la grabe a fuego: no debes dejar que nadie te mire así ni que te tenga pena; puede empatizar contigo, pero siempre que tú le des las herramientas y las palabras adecuadas para que te entienda. Pero jamás dejes que nadie te mire con lástima ni con complacencia. No necesitas el beneplácito de nadie para ser tú misma, que te quede superclaro: eres válida y eres lo que has conseguido, tanto lo bueno como lo malo.

Yo no me he visto tampoco durante mucho tiempo así, ni me he mostrado segura de mí misma: ¡grave error! porque tú eres la primera que tienes que creértelo. El error está en nosotras la mayoría de las veces. Tienes que ser capaz de poner límites y decir «no», «por ahí no, a mí no me tratas de esa manera» o «a mí me hablas mejor, por favor». Pero lo debes decir sin sonar prepotente, siempre sé firme y pide las cosas con buen tono, hay que ser y buscar un tono de voz que no haga daño a nadie, pero sí poner límites.

Me he sentido tan insegura que he evitado reuniones familiares o encuentros con conocidos porque no estaba preparada. Necesitaba la seguridad que los años me han dado. Necesito ir a una reunión, a un trabajo o a un evento y no sentirme mal ni que cualquier cosa pueda desestabilizarme. Los lugares tóxicos hay que evitarlos, estén donde estén.

Necesito y necesitaba poner distancia, de modo que el día que me vuelva a enfrentar a preguntas o a miradas, voy a saber estar en mi sitio. Voy a estar segura y ni siquiera voy a notar esas miradas. Voy a saber dónde no me gusta estar y cuándo retirarse es más sano que quedarse. Además, puede que mi actitud o mi nuevo yo incomode a algunas personas, sin yo pretenderlo, pero sí quiero que la gente que me conoce y se vuelva a dirigir a mí sepa y sea consciente de que no soy la misma. Ya no voy a tolerar ciertos mensajes hacia mi persona ni, por supuesto, hacia mi familia. No voy a aceptar que se me den lecciones ni opiniones sin yo haberlas pedido.

Otra lección aprendida es que, si una persona se siente mal contigo o con tu actitud, no es culpa tuya; la mayoría de las veces no tiene nada que ver con lo que tú haces, dices o sientes, sino con su propio malestar. Muchas personas están instaladas en la frustración y la negatividad, y son agresivas con todo y con todos, casi siempre sin motivo. Es gente que te chupa la energía y no te das cuenta. Si un día te levantas mal, de mal humor, con baja energía, analiza con quién has estado el día anterior... probablemente tenías a alguien alrededor que no te hacía bien. Tu carácter cambia con ciertas personas, no te dejes influir, huye.

Así que no te agobies, tú no tienes la culpa de todo lo que pasa en el mundo y, cuando te sientas así, analiza tu entorno. Probablemente no será seguro; aunque pienses que necesitas actos y palabras de los que más quieres, es muy posible que no sea así si a la mañana siguiente te ataca la ansiedad y la angustia.

Ante cierto tipo de personas y actitudes la mejor opción es mostrar más cariño. Sí, puede parecer mentira, pero hay personas cuya negatividad se evapora dando más amor, o, por lo menos, yo lo llevo mejor siendo más amorosa. Prefiero contestar con un gesto de amor, un gesto incluso que en algunos conflictos me ha llevado a, como dirían algunos, «bajarme las bragas», pero prefiero responder con amor y darles la razón a seguir con una conversación tensa. Lo importante es salir de ahí y que no me preocupe más de lo necesario lo que he oído. Huye, da la razón y vete con una gran sonrisa. Créeme que habrás ganado en salud, tiempo y energía.

Lamentablemente en muchas ocasiones no he sabido leer las señales y no he salido corriendo a tiempo, y al final me han molido a palos. Ahora me lo tomo con humor y como un aprendizaje, porque haber pasado por ciertas emociones y circunstancias me ha hecho más fuerte y más viva. «Lo que no te mata te hace más fuerte» es una frase hecha muy cierta. También me gusta esta otra: «Unas veces se gana y otras se aprende».

Nadie que te quiera te tiene que hacer llorar, ni siquiera tu madre, tu padre, tu hermana o tu mejor amiga. Si te hace llorar, que sea de placer o de alegría. Llorar está genial, pero llora porque lo necesitas o porque te dé la gana. Llorar forma parte del proceso y no es síntoma de debilidad. No sabe nadie la de veces que lloro sin más. Y la de veces que con el llanto me he liberado, tampoco. Con cada berrinche y cada lágrima se va un problema.

Toca soltar y toca seguir con otros horizontes. Todo cuanto he aprendido en estos años tengo que meterlo en un cajón, dejarlo en el recuerdo, pero no olvidarlo, porque olvidar lo aprendido es estar condenado a repetirlo; igual que pasa con la historia, no hay que olvidar.

Vamos a dejar de divagar y vamos a centrarnos y a hacer un alegato y decir adiós a todo lo malo.

Adiós negatividad, adiós a todas esas personas que me dicen «no», a esos lugares que transmiten negro. Adiós a lo tóxico, a lo malo, a las personas y lugares que no aportan. Adiós a esas personas que, cuando tienes planes o energías positivas, no reman a favor, sino que contestan con un «no» o un «no se puede». Adiós a los recuerdos negativos, voy a coger todos los recuerdos que me ponen triste, que me hacen entrar en bucle y voy a guardarlos, para revisarlos de vez en cuando, ya que, por error, los metemos en el cajón y ya no los pensamos más. El dolor no se esconde, pero sí se aparta para que puedan entrar otras cosas.

En este relato, muero y nazco de nuevo dejando atrás todo. Digo adiós a una parte de mí que no me gusta y que ha requerido mi aceptación y mi esfuerzo.

Aceptar todo lo malo es lo primero para poder seguir, para poder crecer. Eso sí, esta despedida no es inmediata, necesitas todo un proceso y una gran dosis de amor propio.

Una vez hemos conseguido aceptar que no éramos la leche y que no nos gusta nada cómo íbamos, vamos a por la versión más auténtica de nosotras mismas.

Es importante en este punto entender de dónde viene eso que no nos gusta para poder aislarlo y entenderlo. Después de mucha autocrítica y hojas y hojas de escritura, he llegado a la conclusión de que eso forma parte de mi historia, es parte de mí y, como tal, debo aceptarla. No te enquistes en lo hecho. Acuérdate de la calma estoica y sigue adelante, siendo resolutiva y aprendiendo. ¡Qué precioso aprender y más a esta edad!

Piensa que todo lo vivido ha servido y ha sido una herramienta o un camino para llegar adonde estás ahora. A mí esto me produce mucha calma. Entender qué función han tenido mis actos, para qué me han servido y quedarme con la parte positiva de todo siempre, hasta del enemigo.

Ahora viene la parte difícil, visualizar cómo vas a ser. Suena maravilloso, pero es la etapa de este proceso que más me está costando, porque yo me imagino de maravilla, pero llevarlo a cabo es otro cantar.

Me he apoyado en la terapia y me he establecido metas cortas, tareas breves y proyectos que pueda cumplir para no frustrarme. Por ejemplo, vivir un día sin ansiedad, vivir un día sin conflicto o ser capaz de estar en calma unos días. Esto motiva y te hace querer más y seguir hasta el siguiente escalón. Este es un proceso continuo y de fondo: a medida que avanzas es importante reflexionar y analizar cómo lo has conseguido.

Y seguir con la terapia, pues cada sesión supone un avance. También pon en práctica todo lo que sepas hacer y hagas bien, poco a poco. Y prioriza: si un trabajo te duele, intenta dejarlo; sé que es difícil, pero si no te sirve, proyecta otro y saldrá.

Esta evolución personal no tiene fin, puede ser constante en tu vida y puede llevarte cada vez a un nivel de satisfacción mayor. Todo esto se traduce en bienestar emocional y bienestar familiar o, simplemente, en estar bien con tu entorno. De verdad te digo que a mí me está sirviendo.

Ahora llegados a este punto solo puedo añadir que estoy orgullosa de mí.

Quiero seguir ayudando a todo el que se cruce en mi camino. El aprendizaje es apasionante y no me lo puedo quedar para mí sola.

Ahora me compensa decir adiós, es el momento. Y solo puedo darle las gracias, porque creo que de todo esto va a salir algo muy bueno. Veo y visualizo un futuro donde, por fin, voy a saber hacer y expresar lo que me gusta y lo que quiero de verdad. Y haberlo hecho y haber crecido sin renunciar al amor de Jorge y no tirar la toalla me hace sentir una sensación de triunfo que no me gustaría perder.

Soy consciente de mis debilidades, soy consciente de que puede que en unos años mi personalidad inquieta me pida otros cambios y, por supuesto, de que igual vivo alguna transición más. Soy consciente, pero la abrazo, y la reconozco también como parte de mí. En este punto abrazo y digo adiós a mi yo del pasado, abrazo y me digo hola, para explorarme de nuevo y abrazar a mi posible yo del futuro, al que veo. Lo voy a abrazar y esperar con mucha ansia, con mucha energía y como un nuevo reto.

Te animo a hacer lo mismo si lo necesitas.

FUTURO

Es hora de poner en orden todo lo escrito, todo lo divagado, todo lo leído, todo lo que me ha dado la vida, establecer un orden de prioridades y saber cómo quiero continuar con mi vida. Espero que todo lo que he puesto negro sobre blanco sirva de mucho y sea un reflejo para numerosas personas que me lean. Pienso que no estoy sola en este viaje y que no lo he estado nunca, pienso que somos muchas las que nos sentimos iguales, somos muchas mujeres las que sentimos que la vida nos ha puesto en un lugar que no nos identifica, que no nos llena y no nos gusta. Creo, asimismo, que estamos donde estamos no por casualidad: estamos ahí porque debemos cumplir una misión.

Para poner remedio a todo esto, hay que hacer un viaje, un ejercicio de valentía para salir de ahí, del núcleo, de la zona de confort o no confort —creo que de confort tiene poco—. Para poder salir de la línea fácil de la vida, hay que ser valiente. Y sobre todo vernos y valorarnos.

Ha llegado el momento de saber a quién quiero tener al lado el resto de mi vida y cómo lo quiero. También a quién no quiero tener cerca o cómo quiero que esté en mi camino. Suena superduro, pero me quedan los últimos años de mi vida, y ya que van a ser los últimos y muy largos, que sean los mejores.

No quiero vivir lo que me quede lamentando no haber vivido feliz ni plena. Quiero vivir sabiendo que no me voy a arrepentir de nada.

Me quedan muchos años, lo sé, por eso no quiero vivirlos peleando como hasta ahora. Los quiero vivir siendo yo misma, viviendo con lo aprendido bien grabado a fuego, para no cometer ningún error más.

Que el dolor que he vivido me sirva para vivir feliz a partir de ahora, que lo malo sirva para algo es lo único que debería sacar en claro de todo. Así que hablemos de cómo proyectar y de prioridades. Y de saber identificar cuáles son esas prioridades.

La primera soy yo. Esto lo debería aprender todo el mundo antes o, por lo menos, antes que yo. Nadie te va a querer como tú te quieres. Como tú te trates es como te tratarán los demás. Tú eres la única que sabes cómo quieres que te traten, así que empieza tú.

Hablemos de nosotras, a qué aspiramos, hagamos una lista de lo que queremos y pedimos a la vida. Por qué no, hay que pedir, visualizar y proyectar.

Yo quiero ser feliz, pero no feliz de postal sino feliz a mi manera, con mi calma. Feliz para mí no es sinónimo de perfecto, no es tenerlo todo, pero sí lo suficiente para estar serena. A partir de este momento, necesito y quiero una vida sana, tranquila, con mi familia, una vida próspera. Es mi propósito de Año Nuevo, lo pido cada día de mi vida: que los días que me quedan, que mi edad madura, la que recordará mi hija, sea una vida que merezca la pena, que deje huella por lo menos en los que me rodean. O por lo menos en Cloe.

En la prosperidad y la abundancia está la felicidad, me gusta pensar que el dinero no da la felicidad, la felicidad son muchas cosas; es más, la felicidad a veces no es plena, pero el dinero sí te quita preocupaciones y, por tanto, tienes más tiempo para otras cosas, más energía para los tuyos, para vivir, para crear momentos, para ser y estar, en definitiva, para disfrutar más: menos preocupaciones igual a más felicidad. Pues eso quiero yo a partir de ahora. Y para eso es fundamental crear oportunidades, crear un futuro con objetivos y metas, con proyectos, pero sé que tengo que ser yo la que los cree y los busque.

No necesito mucho, solo el suficiente dinero para ir al súper y no mirar solo los precios. Tener mis necesidades básicas cubiertas para centrarme en mí, en mi familia, en estar y fluir. No quiero seguir gastando energía en problemas que se solucionan, pero que requieren de ella porque tienes que pensar hacerlo. Si tienes medios, tienes la solución.

En la prosperidad incluyo todo: dinero, trabajo, salud, amor, etcétera. Prosperar en la vida es todo; así, hay que aprender de nuevo, casi todo lo resumo en aprendizaje. Aprender me hace feliz. Y aprender de todo hace que me sienta productiva, dado que no desperdicio nada de lo que me ocurre, todo tiene un porqué y una razón de ser.

Cuando respondo a la típica pregunta de ¿cómo te ves dentro de diez años? Contesto que me veo más madura y mejor persona, orgullosa de no haberme dejado vencer. Me veo con las metas cumplidas, unas metas reales, con salud y una vida cómoda. Y con Jorge envejeciendo juntos y riñendo viejitos. Me veo siendo una pareja sana, por lo que espero que sepamos valorar lo que tenemos y no dejarlo perder.

No es necesario tener pareja en la vida, pero sí que es verdad que es necesario tener un lugar y unos compañeros de vida, un núcleo que te haga ser parte de algo.

Tengo que coger toda esa culpa que arrastro y transformarla en oportunidades de crecimiento. La culpa es una lacra, pero si soy capaz de transformarla en oportunidades, se convertirá en calma y felicidad. Es una carrera de fondo, un trabajo de cada día. Cada día hay que ponerse una meta corta y superarla.

Lo primero que tengo que hacer es acabar este proyecto, acabar de escribir esta historia, acabar de contar mi verdad. Ya te he dicho que, siendo aries, acabar un proyecto tan grande es un triunfo. Cerrar etapas, otro objetivo, cerrar y seguir. Acabar de escribirlo todo, de vomitarlo todo, supone un antes y un después.

Creo que escribir todo lo que he vivido, siento y temo, abrirme en canal, contar todas mis debilidades, todas mis frustraciones, es lo más valiente que haré jamás. No hay nada que me dé más miedo y a la vez me esté ayudando más. Porque el día que se publique este libro será de todos, y cuando digo «todos» incluye también a mi familia, a mi entorno, a los que me ven cada día. Y puede que sea utilizado en mi contra o que no sea bien visto o que se convierta en una maravillosa locura o que no lo lea nadie.

Me expongo a las críticas, pero ya vengo curtida de las redes. Por eso precisamente quería ser yo la que pasase horas y horas escribiendo, poniendo en orden todo, porque cuando hable de este libro o cuando hablen de él, estaré tan segura de lo que he escrito, de que es mi verdad y mi historia, que nadie me va a hacer tambalear.

Puede que haya muchas críticas, pero, como ya he mencionado, mi verdad es la mía, y no la de ellos. Y lo que yo escribo, además de mi verdad, es lo que pasó en realidad. Y lo que los demás interpreten de mi historia y de cómo yo la cuente no es cosa mía. Quien se pica, ajos come, dicen, y es que si alguien se siente o se ve reflejado en mis palabras es porque tiene un problema, no yo.

No he personalizado ningún acto o acontecimiento de mi vida a propósito, porque para mí son anécdotas. Para mí ya no es un problema; precisamente lo he podido escribir porque lo he sanado. He podido contarlo y plasmarlo con mucha calma porque ya no duele.

Escogí muy bien el momento en el que decir «sí» a este proyecto, dado que no quería escribir desde el rencor ni escribir cosas de las que me pudiera arrepentir. Para mí ya es pasado, para mí ya no existen conflictos; son, insisto, pasado. Para mí ya pasó todo, y miro a las personas que me hacían daño sin rencor y sin ningún interés de nada, pasan o pasarán por mi vida sin hacer ruido. He conseguido que estén cerca sin hacerme daño.

Yo solo miro al futuro.

Efectivamente, estoy con la mirada puesta en el futuro, quiero verme bien, necesito verme bien. Y para verme bien primero soy yo y todo empieza en mí, en nosotras. Es momento de ponernos la música que nos motive, ponernos las pilas y mirar hacia lo que buscamos. Vamos a proyectar nuestro futuro.

No puedes gustarle a todo el mundo. Cada vez que en este libro he soltado una cosa obvia y una frase que ya conocías, quiero que hagas una reflexión: no son frases sin más, vacías, hay que tomarlas en serio para que cobren sentido. No vale decirlas sin más.

Soy una persona, una mujer completa que se reconoce también como bastante positiva. Lo que saco de todo lo escrito, lo reflexionado, lo madurado, es que soy positiva. Muy a pesar de lo que pueda parecer o lo que yo pudiera pensar, soy positiva, desde la anécdota de la lluvia con mi novio en Ibiza hasta el día de hoy. He de reconocer que sé ver la parte positiva de todo, y sí, también soy retorcida, pero para sacar lo bueno de lo malo.

No soy difícil, pero sí soy una persona que no se fía ni conforma con nadie. Una persona que cuando le propusieron este proyecto no quiso coger la primera oferta, porque nunca voy a lo fácil; no elegí la propuesta de que alguien me ayudara a escribir o incluso que ese alguien escribiera el libro en su totalidad, porque, repito, no me gustan las cosas sencillas. Me gusta ser yo la que lo haga todo... Gran problema no saber delegar en una cabeza como la mía.

No me gustan las cosas difíciles tampoco, pero sí las que se trabajan, las que se sudan y se consiguen a base de esfuerzo. Quiero sentirme orgullosa de todo lo que esto me traiga, sea bueno o sea malo. Pero que salga de mí, de mi trabajo. Si me tengo que arrepentir, que sea por haberlo hecho. Pero seré yo y lo asumiré. Asumir errores es otro gran reto de aquí al futuro. Entonar el *mea culpa*, solucionarlo y seguir. De todo aprenderé una lección, y estoy superpreparada para afrontar una nueva etapa.

Así que si sigues a mi lado es porque has tenido paciencia conmigo, y lo valoro, porque me valoro a mí misma; tanto, que los que me rodean tienen que ser casi igual de retorcidos que yo o incluso más intensos. De intensitos está el mundo lleno y eso nos gusta, es muy bueno estar rodeados de mentes complejas que nos hagan cuestionar las cosas.

Me gusta la gente auténtica, la que puede estar conmigo en silencio o hablar hasta las seis de la mañana. Las dos cosas. He consolidado muchas relaciones, o pocas según se mire, pero para mí cada una es valiosa.

Fíjate que, cuando digo «futuro», no hablo de mi futuro en el ámbito profesional, a pesar de necesitar un cambio y saber exactamente lo que quiero. Sé lo que necesito y lo que busco. Y estoy en el camino. He sembrado estos últimos años cosas que me llevarán a la calma y a la estabilidad laboral que necesito. También creo que este proyecto me va a traer cosas buenas, me va a dar muchas cosas buenas, ya me las ha traído, y estaré infinitamente agradecida a Teresa, mi editora, por darme las herramientas para hacerlo posible y que vea la luz.

A principios de 2024, las cosas eran horribles, estábamos metidos de lleno en el proceso judicial de Cloe, muy complicado y doloroso. Demasiadas trabas, demasiadas situaciones que nos llenaban de ansiedad. Y tenía que asimilar que desaparecía Leo de todas partes. Leo. No sabes lo raro que es, a veces, incluso pensar en él o verbalizar su nombre. Tienes la mejor sensación al ver que Cloe tiene lo que más ansía, lo que más desea, pero a la vez he de reconocer que es lo más heavy y punki que haré: cambiar del todo legalmente a mi hija. Decirlo es fácil y verlo desde fuera creo que también, pero te aseguro que llevarlo a la práctica y todo lo que conlleva es muy muy difícil.

Parece un proceso o un trámite, un simple papel, pero supone muchas más cosas, muchas connotaciones, muy retorcidas para una madre. Entre ellas, por ejemplo, inscribir de nuevo a una hija. Es como un nuevo parto institucional, no sé ni cómo describir la sensación. Cuando recogimos la partida de nacimiento, nos quedamos como secos, llevábamos tanto tiempo luchando por ella, yendo y viniendo al juzgado, asistiendo a entrevistas, a reuniones difíciles en las que hablábamos de la identidad de Cloe, sin que ella pudiera estar muchas veces, porque así lo requerían. Fue tan triste todo… porque yo no soy nadie para opinar sobre su identidad, es ella y solo ella la que debería decir quién es. Ni yo ni un juez.

Tanto tiempo peleando, que ese día nos costó asimilar. Es tan radical ver cómo se destruye su partida de nacimiento y se hace una nueva; no sabes la cara que poníamos Jorge y yo cuando la recogimos. No sabíamos si lo teníamos que celebrar o pensar que estábamos locos de atar. Hemos acompañado a Cloe en todo su proceso, y eso ha supuesto asumir responsabilidades incluso delante de un juez muy heavy; sí, hemos ido varias veces a ratificar su identidad delante de un magistrado o un funcionario. Pero hemos tenido que decir que nos ratificábamos, que sí, que Cloe es Cloe.

Todo estaba ocurriendo en enero de 2024, pero, además de otras dos mil cosas, como tener a media familia en el hospital, la falta de trabajo de Jorge —otra vez en paro—, la economía de nuevo… bueno, todo muy difícil.

Alguien que entiende de energías me dijo: «Carolina, este año todavía os va a tocar pelear mucho y, sobre todo a nivel judicial, va a ser un año muy difícil y de muchos cambios. Pero a finales de 2024 la cosa cambiará y el 2025 será vuestro año». Creo que me tomé estas palabras como un mantra y me han servido para ver las dificultades que atravesábamos como algo pasajero.

Pensar que el tiempo iba a pasar, que todo era transitorio y que al final nos iba a traer prosperidad me ha dado esperanzas y energía para seguir adelante. Y, sobre todo, me ha dado la fuerza para pedir medicación y ayuda psicológica. Estoy muy orgullosa de cómo he afrontado la situación: he sabido parar y pedir ayuda y eso me ha salvado. Definitivamente he aprendido la lección; a partir de ahora, viene mi mejor versión, la que sabe mantener la calma e incluso, reitero, pedir ayuda.

Así que afronto el futuro con mucha fuerza; creo que estos dos últimos años han sido los peores, pero también los años durante los que más he aprendido y avanzado como persona.

¿Conoces lo que es la autocompasión? Aceptar las imperfecciones que tienes, acogerlas y tomarlas como oportunidades de aprendizaje. Y no está mal autocompadecerse de uno mismo, ya que te enseña tus debilidades y, al mismo tiempo, te hace fuerte porque, cuando sabes en qué puedes flaquear, es más fácil no caer de nuevo. Saber qué cosas no puedes o debes hacer evita muchos problemas.

Practicar la gratitud también contribuye a la calma, al bienestar. Parece mentira, pero agradecer es algo que nunca antes me había planteado. Pero cuando le das la vuelta a las cosas y empiezas a agradecer a la vida incluso que te haya regalado cosas como un cáncer para poder valorar la vida o la muerte de un padre… se lo agradeces porque sabes que sin estos acontecimientos tu vida hubiera sido otra. Dichos acontecimientos le han dado más sentido.

¿A que parece mentira y un topicazo de nuevo? Mi vida está llena de topicazos. Suena horrible, ¿verdad? ¿Cómo puede ser —te preguntarás— que tener un cáncer lo veas como positivo? Es que lo veo así, lo veo como una superoportunidad para saber vivir. Cuando estás enfermo, metido en harina, te planteas la vida y la valoras; en esos momentos te resulta fácil, sencillo saber que te queda poco y que tienes que valorar; pero, después, debes quedarte con el mensaje para que te acompañe el resto de tu vida. Aprender que nunca más te preocupe algo que tiene solución. Durante la enfermedad sí lo haces, pero luego te olvidas y vuelves a tu rutina, a enfadarte por chorradas, a vivir sin pensar; no obstante, lo bueno y lo positivo es aprender que la vida es frágil y que hay que vivirla. Y eso es mucho más fácil de aprender después de haber vivido una experiencia horrible, como en mi caso el cáncer.

Tengo tal estado mental de paz que puedo agradecer, y ni yo me lo creo. He tenido que estar muchas noches sin dormir, leer mucho, intentar entender por qué nos pasa lo que nos pasa. Comprender que la culpa es mía, pero la solución también.

Saber ver que de todo en esta vida siempre sale algo bueno o que, al final, todo es pasajero y que luego tendremos la gran suerte de que nos venga algo muy bueno. Todo pasa de verdad, hazme caso, no pienses que una mala racha o una calamidad es para siempre. Piensa que la vida está llena de ellas, y solo es una más, así que pásala lo mejor o peor que puedas y a otra cosa mariposa. Y mientras te llega la otra mala racha, sé feliz.

Repito que hemos pasado unos años superdifíciles, pero al mismo tiempo he vivido momentos increíbles. He viajado con mi familia, he disfrutado de tiempo de calidad con Cloe y con Jorge. Que mi trabajo no sea estable me ha permitido cambiar mil veces, estar tiempo en casa. Cierto que no disfrutamos de una muy buena salud económica, de estabilidad, pero nunca nos ha faltado de nada. Unas veces he podido viajar o salir de casa gracias a las redes; otras, he tenido la gran suerte de poder compartirlo con mi familia, hemos viajado juntos y disfrutado de momentos muy bonitos.

Todas las cosas malas han traído algo maravilloso. Que Jorge estuviera en el paro nos ha permitido pasar un superverano en familia y que Cloe disfrutara de su padre todos los días. Muy probablemente en los años que nos vienen ella crecerá y las cosas serán de otra forma, pero estar juntos hace que sigamos creando un vínculo maravilloso, que nos va a permitir tener una mejor comunicación durante la etapa de la adolescencia. Es fundamental que nos llevemos bien, porque lo que viene no va a ser fácil.

Durante todo el proceso de Cloe, todos los años de visibilidad en redes me he negado a hablar abiertamente de su proceso hormonal. Es un tema que suscita mucha controversia, la gente cree que es fácil o que se suministra a temprana edad. Y no es cierto, nada más lejos de la realidad. Es una meta que tengo a corto plazo, hacer todavía más visible el proceso, pero eso será cuando Cloe sea más mayor para que pueda establecer ella los límites y qué es lo que quiere contar. Ella quiso hablar de ello en una entrevista, pero lo borré todo porque hubo comentarios sobre su proceso hasta en X, y me niego a que nadie opine sobre la salud de mi hija. Además, quien lo hace comete un delito. Pero, por desgracia, en una comisaría difícilmente te hacen caso...

La adolescencia de Cloe va a ser muy diferente de la mía o de la de Jorge, y no sabemos todavía cómo afrontarla. He leído muchísimo y me apoyo en muchos referentes que me van guiando y van hablando con Cloe. Así que nos estamos preparando para acompañarla en esta nueva etapa también. Por eso mismo necesito esta paz mental, esta seguridad, es fundamental que estemos bien en casa por lo que pueda pasar. Estoy segura de que irá bien, pero, aun así, necesito que todo esté en orden.

A estas alturas ya no me caben más miedos, más horas en Urgencias o más horas en despachos de profesores. Estoy preparada si llegan, pero espero que no.

Veo mi futuro lleno de situaciones, pero situaciones que o bien se pueden solucionar o bien que no me quiten mucho el sueño. En unos años me visualizo tranquila, sana, feliz. Y para eso aún tengo que trabajar mucho, aún tengo que hacer mucha terapia y seguir cultivándome y queriéndome. Poner en práctica todo y no vivir de frases hechas. Practicar el autocuidado, mimándome, hablándome bien, desarrollando una imagen de mí en positivo. Comenzar a practicar la gratitud cada día. Aprender a agradecerme a mí misma también lo que tengo, pues lo tengo porque me lo merezco, porque me lo he trabajado.

Comenzar a superar todo y a verme bien.

Hola, futuro.

AGRADECIMIENTOS

Gratitud, me había propuesto agradecer sin más. Sí, escribir una ristra de agradecimientos a muchas personas. Agradecer a mi familia, a quien me ha ofrecido esta oportunidad de escribir, etcétera, pero me parece tan poco que voy a empezar de nuevo.

A Teresa por empujarme a llevar a cabo este proyecto.

Es hora de agradecer, pero de agradecer a lo grande, agradecer que todo lo sucedido es bueno. Todo lo vivido es para bien, así que lo abrazamos y lo sumamos a las vivencias y aprendizajes.

En este final no voy a dar las gracias a mi familia o caer en tópicos otra vez, no, por favor. Es obvio que le doy las gracias a mi familia, en especial a Jorge y a Cloe. A Cloe, la maestra de muchos, a la que más. Mi hija es quien me ha abierto el mundo, la que me ha dado fuerzas y la que me acompaña, incluso en las noches de escritura a oscuras. Ella está aquí, a mi lado, y se lo agradezco.

Agradezco las vivencias horribles que ha pasado mi madre, porque la han hecho como es, y agradezco que sea como es; de lo que ella ha vivido, soy yo.

Agradezco haber sentido y vivido el gran trauma de mi vida como es la muerte de mi padre. No agradezco que se muriera, claro, pero sí agradezco haberme llevado el aprendizaje de cómo vivir intensamente.

Gracias, familia. Es obvio que sin ellos tampoco habría podido, sin el espacio que me han dejado, que me han dado. El tiempo que les he robado para aislarme a escribir, para estar conmigo y con mis pensamientos es de agradecer infinitamente. Porque han entendido que es un proyecto que me hace bien, que me ha ayudado y que me ha llevado a ser como soy hoy.

Pero estaremos de acuerdo en que agradecer solo a ellos, los más cercanos, se queda cortísimo. Tengo que dar las gracias al universo, a la vida y, por supuesto, a mí.

Al universo y a la vida por haberme regalado una existencia tortuosa, complicada, que me ha hecho ser la persona más valiente y resiliente del mundo. Que sí, que me lo digo yo, y quien piense lo contrario que cierre al salir. Que me queda mucho por vivir, pero que he aprendido a tiempo para entender que soy afortunada y que tengo que estar agradecida.

Agradezco no ser una persona plana, sin más, no ser una persona conformista. Agradezco a la vida las circunstancias que me ha puesto delante, haberme hecho enfrentarme a retos que me han hecho estar en este punto, saber que lo que superamos nos hace más fuertes y nos hace valorarla. La vida presente, donde todo es igual de difícil todavía, para la que mi cabeza ya está preparada para agradecer cada cosa que pase a partir de ahora. Abrazarla y seguir, sin miedo ni culpa.

Agradezco a la vida haberme dado la oportunidad de ser la madre de Cloe, de ser su persona, le agradezco infinitamente este reto. Agradezco que no me haya dado una maternidad sin complicaciones, porque ser la madre de Cloe me ha hecho mejor persona y mejor madre.

Así que agradezco a la vida y el universo haberme llevado a este punto, porque, llegados aquí, todo lo veo con otros ojos a resultas de todo lo que he superado. Y sé que mi futuro será otra pantalla más de este videojuego que me ha tocado vivir. Pero es mi videojuego y, como es mío, yo voy a elegir a partir de ahora cómo sigue la partida.

Recuerda, es tu juego, tú seleccionas a los personajes, los decorados, los paisajes... tú seleccionas hasta el ambiente. Pero, sobre todo, tú decides a qué videojuego jugar. Solo tú tienes el mando. Esta es mi gran lección, que yo tengo el mando de mi futuro.

No lo olvides.

Y por supuesto agradezco que me estés leyendo, agradezco que hayas ido a comprar mi libro y que dediques horas a leerlo. Te agradezco que me estés conociendo, te agradezco que me estés entendiendo y que no me estés juzgando. Y si me vas a juzgar, por favor, no me lo digas. Guárdatelo, porfa.

Y si has llegado hasta aquí, GRACIAS.